CLV

Klaus Güntzschel

Das Herz der Väter

Ein Plädoyer für das Vatersein –
lesbar für Väter und Söhne

clv

Christliche Literatur-Verbreitung e. V.
Ravensberger Bleiche 6 · 33649 Bielefeld

Der Autor leitet zusammen mit seiner Frau Ute und einer weiteren Familie im Norden Brandenburgs ein christliches Freizeitgelände, den »Reiherhals«. Hier finden Kinder- und Jugendfreizeiten statt. Auch Familienfreizeiten werden angeboten, und es besteht die Möglichkeit, Urlaub zu machen. Das gesamte Programm ist zu finden unter www.reiherhals.de.

1. Auflage 2016

Ravensberger Bleiche 6 · 33649 Bielefeld
Internet: www.clv.de

Satz: EDV- und Typoservice Dörwald, Steinhagen
Umschlag: Lucian Binder, Marienheide
Druck und Bindung: GGP Media GmbH, Pößneck

Bestell-Nr. 256352
ISBN 978-3-86699-352-5

Für meine Kinder

Frieder und Prisca
Sebastian und Lisa
Hanna und Corni
Jule und Alex
Rüdiger
und Walter

Inhalt

1
Vorab – bitte trotzdem lesen

Es ist über vierzig Jahre her, dass ich mit meinem Vater von Zeit zu Zeit Spaziergänge unternahm. Wenn seine Hand, die für mich als Kind einfach eine gewaltige Größe hatte, meine kleine Hand in sich vergrub, dann ging es mir gut. Seine Hände, die die Kälte Russlands während des Zweiten Weltkriegs gespürt hatten, waren warm genug, um seinen fünf Kindern ein überaus guter Vater zu sein. Wir gingen auf unserem Lieblingsweg, einem Höhenweg zwischen Ammerbach und Nennsdorf, zwei kleinen und unbedeutenden Nestern ganz in der Nähe meiner Heimatstadt Jena. Kam eine Bank, machten wir eine kleine Pause und Vater erzählte mir Dinge, die ihm wichtig geworden waren. Einige der Bank-Botschaften haben mich bis heute begleitet. Vater war Frührentner, er hatte bereits einen Herzinfarkt – und nun hatte er Zeit, mit mir spazieren zu gehen. Ich war nicht immer begeistert, aber heute denke ich gern daran zurück – zugegeben, etwas verklärt.

Inzwischen bin ich selbst sechsfacher Vater. Und dankbar dafür, bisher noch keinen Herzinfarkt erlitten zu haben, bin ich ebenso mit meinen Kindern spazieren gegangen (auch sie waren nicht immer begeistert) wie mein Vater mit seinen Kindern. Wieder hat eine große Hand viele kleine Hände geführt und dabei geholfen, dass kleine Hände große Hände werden.

Warum nun dieses Buch? In Deutschland und Europa sind wir in einem bisher nicht gekannten Maß dabei, uns gesellschaftlich zu demontieren. Wir leugnen mit der Gendertheorie die Verschiedenheit von Mann und Frau, und wir greifen die Ehe als alternativlose Lebensform im Zusammenleben von Mann und Frau an. Es findet ein erdrutschartiges Aufgeben unserer christlichen Werte statt. Familie wird nur noch dann wichtig, wenn man feststellt, dass die Rentenkassen wackeln. Nebenbei bemerkt führt das Aufgeben des Familienmodells (Vater, Mutter, Kinder) bei den öffentlichen Kassen zu massiven zusätzlichen Kosten. Zum Beispiel müssen manche Sozialämter heute Fachkräfte wie z. B. Sozialpädagogen losschicken, um Müttern zu zeigen, wie sie auf dem Spielplatz mit ihrem Kind spielen sollen.

Ein Tiefpunkt in meinen bescheidenen Beobachtungen war dann die Bemerkung eines unserer Kinder, dass ein Schulkamerad sich zu Weihnachten einen »Vater« wünschte, der mindestens ein Vierteljahr bei der Familie bleibt. Da dachte ich: Haben diese Kinder in der Zwischenzeit nicht sehr bescheidene Wünsche entwickelt? Einen Vater für ein Vierteljahr? Was tun wir unseren Kindern an, wenn wir gesellschaftliche Modelle entwickeln, die auf die Vaterrolle komplett verzichten? Viele Väter haben aufgrund fehlender Vorbilder außerdem überhaupt keine Ahnung mehr davon, was es heißt, wirklich Vater zu sein.

»Und er wird das Herz der Väter zu den Kindern und das Herz der Kinder zu ihren Vätern wenden, damit ich nicht komme und das Land mit dem Bann schlage« (Maleachi 3,24). Mit diesen Worten endet das Alte Testament, der erste Teil der Bibel. Früher fand ich diesen Appell als Ende des Alten Testaments ungewöhnlich oder zumindest überraschend! Hätte Gott da nicht Wichtigeres, Grundsätzlicheres schreiben lassen können? Heute verstehe ich es ein wenig besser. Bücher wie *Vaterseelenallein* deuten an, dass dieses jahrtausendealte Bibelwort hochaktuell ist. Wir lassen die Väter aussterben, und wo es noch Väter gibt, da sind ihre Herzen nicht mehr bei ihren Kindern. Die Folge ist schlicht, dass es einem solchen Land schlecht geht und Kinderpsychologen wie z. B. Dr. M. Winterhoff sich fragen, warum unsere Kinder zu Tyrannen werden.

In diesem Buch möchte ich dich als Vater (oder als zukünftigen Vater oder Großvater oder geistlichen Vater) mitnehmen auf einen »Spaziergang« – auf einen Spaziergang, den ein Vater mit seinem Sohn unternommen hat. Dieser Spaziergang fand vor etwa fast dreitausend Jahren statt, und du und ich, wir haben das außerordentliche Privileg, lauschen zu dürfen, Zeuge zu sein und von dem Gespräch zu profitieren.

Das Grandiose dabei ist, dass dieser Vater von Gott als der weiseste Mann bezeichnet wird, der je auf der Erde gelebt hat. Er hat also etwas zu sagen. Aber bevor wir unseren »Lauschangriff« starten, will ich mit dir über den bereits erwähnten letzten Vers des Alten Testaments nachdenken.

2
»Das Herz der Väter«

»Und er wird das Herz der Väter zu den Kindern und das Herz der Kinder zu ihren Vätern wenden, damit ich nicht komme und das Land mit dem Bann schlage.«
Maleachi 3,24

Gott hat in der Zeit des Alten Testaments des Öfteren Menschen zu seinem Volk gesandt, um ihnen wichtige Botschaften zu übermitteln. Er nannte diese Menschen Propheten. In den weitaus meisten Fällen glaubte das Volk den Botschaften dieser Männer nicht. Oft war man so verärgert, dass man diese Botschafter mundtot machte oder sie sogar buchstäblich tötete. Das hat sich bis heute nicht geändert.

Der letzte Prophet in der Zeit des Alten Testaments, den Gott seinem Volk Israel schickt, heißt *Maleachi* – sein Name bedeutet schlicht: »Bote«. Seine Botschaft ist klar und deutlich:

- Gott wirft dem Volk vor, ihn zu verachten.
- Gott warnt vor Ehescheidung.
- Gott warnt vor Egoismus.
- Gott zeigt eine Lösung, wie man in gottloser Zeit gottesfürchtig leben kann.
- Zum Schluss zeigt Gott eine Lösung für das Generationenproblem.

Mit dem oben genannten Vers beendet der Prophet seine Botschaft, und genau mit diesem Vers beendet Gott sein jahrhundertelanges Reden zu seinem Volk. Gott wird nun vierhundert Jahre schweigen – um dann seinen Sohn Jesus Christus auf die Erde zu senden.

»Und er« – wie können wir unsere Probleme lösen, die uns zu erdrücken scheinen? Die einfache Antwort lautet: Nur mit Gott! »Und er wird das Herz der Väter zu den Kindern wenden« – keine Seminare oder Gender-Kompetenzzentren vermögen das zu tun, kein Cocktail aus eigener Kraft und zwei Schluck »Positivem Denken«. Nein, wir müssen verstehen, dass wir Gott existenziell brauchen. Ohne ihn können wir nicht einen einzigen vernünftigen Gedanken denken, nicht eine einzige vernünftige Tat tun. Als seine Geschöpfe müssen wir ihn suchen und ihm unsere ganze Hilflosigkeit und Armut bekennen.

»Das Herz der *Väter*« – erstaunlicherweise beginnt Gott damit, das Herz der *Väter* zu verändern. Seltsam, nicht wahr? Ist es nicht die *Jugend*, die sich ändern muss, die völlig »durchgeknallt« ist? Ja, es scheint so, beim ersten Hinsehen. Aber Gott weiß, dass das Problem tiefer liegt: Es liegt im Herzen der *Väter*. Es liegt in einer Generation, die versagt hat, die sich selbst gelebt hat und nur allzu oft ihre Kinder auf dem Altar ihres Egos und ihrer Selbstverwirklichung geopfert hat.

Dieses Buch ist ein Plädoyer für das Vatersein. Männer haben ja heutzutage oft ein Identifikationsproblem. Seit dem Erstarken des Feminismus müssen sie sich fast dafür »entschuldigen«, Mann zu sein. Und über diese Demontage des Mannes haben wir in der Gesellschaft auch die Väter verloren. Kinder wurden »vaterseelenallein«. Können nicht auch zwei Frauen ein Kind erziehen? Nein, können sie nicht – genauso wenig, wie es zwei Männer können. Vater und Mutter in ihrer Unterschiedlichkeit und ihrer besonderen Prägung sind unverzichtbare Voraussetzungen dafür, dass unsere Kinder zu Persönlichkeiten heranreifen, wie Gott sie will. Dieses Buch möchte also Männer ermutigen, sich einer herausfordernden, aber auch sehr erfüllenden Aufgabe zu stellen. Vatersein ist nicht nur Stress, sondern eben auch Genuss! Es gibt nicht nur Mutterglück, sondern auch Vaterglück! Beispiel: Als meine Kinder klein waren, fragten sie regelmäßig, wenn ich von Reisen nach Hause kam: »Was hast du mir mitgebracht?« Das ist natürlich und normal. Ich wusste also, dass sie sich momentan noch mehr für ihr eigenes Glück interessieren als für das des anderen. Als die Kinder dann größer wurden, änderten sich die Fragen. Sie lauteten dann auch mal: »Wie war es? Hattest du eine gute Zeit? Hast du Gottes Hilfe erlebt?« Oha, dachte ich, das sind neue Töne! Herrlich! Aus Kindern werden Freunde – Menschen, die mir etwas geben. Heute weiß ich, dass meine Kinder mir weit mehr an Freude zurückgeben, als sie mich Schweiß gekostet haben – das meine ich mit *Vaterglück*.

Lukas, der Schreiber des Lukasevangeliums, kommt in seinem ersten Kapitel auf den letzten Vers des Alten Testaments zurück. Er schlägt gewissermaßen eine Brücke zwischen dem Alten und dem Neuen Testament. Und er gibt uns eine sehr wichtige Information, eine Zielvorgabe: »Und viele der Söhne Israels wird er zu dem Herrn, ihrem Gott, bekehren. Und er wird vor ihm hergehen in dem Geist und der Kraft Elias, um die Herzen der Väter zu den Kindern zu bekehren und Ungehorsame zur Einsicht von Gerechten, um dem Herrn ein zugerüstetes Volk zu bereiten« (Lukas 1,16-17). Treffend formuliert er zwei Ziele von Vaterschaft: Zunächst sollen wir Väter unseren Söhnen den Weg zum Himmel zeigen. Und zweitens sollen wir »dem Herrn ein zugerüstetes Volk bereiten«. Was für eine herausfordernde und verantwortungsvolle Aufgabe – Väter (und auch Mütter) rüsten die nächste Generation zu für Gott! Wenn wir das doch mehr im Herzen hätten!

Fazit:
Als Erstes müssen wir unser Herz als Väter wiederentdecken, unser Vatersein wieder nach biblischem Muster definieren. Und als Zweites muss sich dann unser Vaterherz unseren Kindern zuneigen. Dann nehmen wir unsere Kinder als etwas ungemein Wertvolles wahr, als ein göttliches Geschenk, statt sie vor oder – wie jetzt in den Niederlanden angedacht – nach der Geburt zu töten, weil wir meinen, ihre Behinderung schränke unsere »Lebensqualität« ein. Unsere Kinder haben das Recht, besonders in den ersten sechs Jahren ihres Lebens von uns als Vater und Mutter betreut, umsorgt, gelehrt und geliebt zu werden. Ja, sie können erwarten, dass wir Zeit haben, mit ihnen spazieren zu gehen …

3
»Mein Sohn«

*»Frömmigkeit ist der Entschluss,
die Abhängigkeit von Gott als Glück zu bezeichnen.«*
Hermann Bezzel

»Die Furcht des HERRN ist der Anfang der Erkenntnis.«
Sprüche 1,7

Ich weiß nicht, wie es dir geht, wenn du die Bibel liest. Mir geht es so, dass ich ab und zu Worte und Sätze entdecke, an denen ich hängen bleibe – ich nenne sie gern »Verse mit Widerhaken«. Du stockst, hörst auf weiterzulesen, bleibst einfach an diesem Vers hängen. Herrlich! So ging es mir mit Maleachi 3,24 und mit manchen anderen Versen. Der Spaziergang, den ich mit dir in diesem Buch *nach*spazieren will, ist auch so ein Widerhaken – zugegeben, einer von der etwas größeren Art. Es handelt sich nicht nur um einen Vers, sondern um mehrere Kapitel: um die Kapitel 1 bis 9 aus dem Buch der Sprüche.

Ich habe diese Kapitel ein paarmal gelesen, und dann entdeckte ich: Ja, das ist es – Salomo, dieser weise Mann, redet immer wieder seinen »Sohn« an: »mein Sohn«. Und dann erzählt er seinem Sohn, was wichtig ist, wie das Leben funktioniert, was der tiefe Sinn des Lebens ist. Er zeigt ihm Gefahren auf, erzählt auch von früher, von seinem Vater (das scheinen Väter gern zu machen, von früher zu erzählen ...). Überraschend war für mich, wie offen die beiden über Sexualität reden: über die Freuden der Sexualität, aber auch darüber – und das nimmt auf ihrem Spaziergang einen verhältnismäßig weiten Raum ein –, wie zerstörerisch ein falscher Gebrauch dieser göttlichen Erfindung ist.

Salomo, kann es sein, dass du ein Mann unserer Zeit bist und bestens über unsere sexualisierte Welt Bescheid weißt?

Die Kapitel 1 bis 9 der Sprüche Salomos werden von einem Vers eingerahmt, der für diese Kapitel als Überschrift und Motto dienen könnte:

»Die Furcht des HERRN ist der Anfang der Erkenntnis« (Sprüche 1,7).

»Die Furcht des HERRN ist der Weisheit Anfang« (Sprüche 9,10).

Kann man christliche Erziehung besser zusammenfassen als in diesen beiden Sätzen? Das große Ziel eines christlichen Vaters ist es, sein Kind die Furcht des HERRN zu lehren und sie ihm vorzuleben. *Furcht* bedeutet hier nicht Angst oder Panik, sondern *Furcht* bedeutet hier das Wissen um einen Gott und die Ehrfurcht vor einem Gott, der über mir steht – ein Gott, der die Sterne geschaffen hat (gehe einfach mal mit deinem Sohn in einer sternenklaren Nacht hinaus auf den Balkon, und dann schaut euch die Sterne an – genial!), ein Gott, der Vater und Sohn geschaffen hat und dem diese beiden deshalb auch verantwortlich sind. Amos schreibt: »Sucht den HERRN und lebt« (Amos 5,6), und David schreibt in den Psalmen: »Ihr, die ihr Gott sucht, es lebe euer Herz!« (Psalm 69,33b). Beides – suchen und leben – hängt organisch zusammen, bildet eine Einheit: Dein Sohn kann nicht wirklich leben, wenn er den Herrn nicht gefunden hat – deshalb fasst Salomo, dieser weise Mann, seinen ausgedehnten Spaziergang in diesen beiden Versen zusammen. Und Amos, er fährt dann auch mit den Sternen fort: »... sucht den, der das Siebengestirn und den Orion gemacht hat und den Todesschatten in Morgen verwandelt und den Tag zur Nacht verfinstert, der die Wasser des Meeres ruft und sie über die Fläche der Erde ausgießt: HERR ist sein Name« (Amos 5,8-9). Kann man es besser auf den Punkt bringen?

Salomo zeigt mit diesen beiden Versen in den Kapiteln 1 und 9 den Kern unserer Bemühungen als Väter und Mütter. Und dieser Kern ist ein Leben in der Gottesfurcht, ein Leben im Gehorsam gegenüber Gott und seinem Wort. Die Betonung liegt auf »Leben«, denn unser Leben redet lauter als unsere Worte.

Auf meiner ersten Rumänien-Reise lernte ich, dass das rumänische Wort für »Kinder« *copii* lautet (was an unser deutsches Wort »Kopie« erinnert). So reizend, wie es ist, wenn unsere Kinder unsere abstehenden Ohren erben (?), so ernüchternd ist es, wenn wir entdecken, dass sie unsere »Kopien« sind. Sie ahmen das nach oder kopieren das, was wir (oft so unvollkommen und fehlerhaft) *tun*, und tun weniger das, was wir ihnen oft mit gut gemeinten Worten sagen.

Wir können unsere Kinder genau dann getrost in das »Leben« entlassen, wenn sie – auch gerade durch uns Väter – gelernt haben, in der Furcht Gottes zu leben; wenn sie gelernt haben, als Persönlichkeiten vor Gott zu stehen und ihr Leben unter seiner Autorität zu leben. Dann sind sie nicht »vaterseelenallein«, sondern dann haben sie in ihrer Kindheit einen menschlichen Vater gehabt und können nach ihrer Bekehrung mehr und mehr lernen, mit ihrem göttlichen Vater zu leben.

Salomos Herz musste in dieser Beziehung nicht zu seinem Sohn gewendet werden. Salomo sagte ihm auf seinem »Spaziergang« in diesen neun Kapiteln das, was wichtig ist. Folgen wir seinem Beispiel. Dann haben wir die Chance, eine ganze Generation zu prägen, und können dem Herrn ein zugerüstetes Volk bereiten.

4
»Höre«

»Wenn wir Gottes Wort hören und Gottes Werke tun, dann wird unser ganzes Leben ein nie endendes Erntedankfest.«
Friedrich von Bodelschwingh

»Höre, mein Sohn, die Unterweisung deines Vaters, und verlass nicht die Belehrung deiner Mutter!«
Sprüche 1,8

Höre« – das hat mit Kommunikation zu tun. Wir haben Zeiten, wo das Smartphone in der Schublade liegt, der Fernseher ausgeschaltet ist (oder das Haus bereits verlassen hat) und Zeit zum Reden ist. Finden in unserer Familie noch gemeinsame Mahlzeiten statt, wo wir miteinander reden? Oder Familienandachten, in denen wir gemeinsam und mit Gott reden? Kommunikation muss gelernt und vielleicht wieder neu eingeübt werden.

»Höre« – Salomo hatte als König sehr wahrscheinlich ein volles Programm. Für den Vormittag hatte sich die Königin von Scheba angekündigt, am Nachmittag muss er noch auf der Tempelbaustelle vorbeischauen. Wenn jemand Stress hatte, dann Salomo. Aber in seinem Terminkalender könnte gestanden haben: »Wöchentlich Gespräch mit dem Sohn.« Der König hatte Zeit eingeplant – Zeit für etwas so »Unwichtiges« wie mit seinem Sohn spazieren zu gehen.

Wie sollen dein Sohn und deine Tochter etwas von dir hören, wenn du keine Zeit einplanst? Und wenn du doch Zeit eingeplant hast, weißt du dann, worüber du heute reden willst? Hast du einen Plan? Weißt du selbst, was wichtig ist? Was »hörst« du gerade von Gott? Worüber redest du gerade mit Gott? Dein privater verborgener Umgang mit deinem himmlischen Herrn wird die Qualität deines Spaziergangs mit deinem Sohn bestimmen.

»Höre« – Söhne und Töchter haben das Privileg, zu hören. Sie dürfen und sollen zunächst lernen und zuhören. Gönnen wir ihnen diese Lernzeit und die Unbeschwertheit, noch keine Verantwortung tragen zu müssen! Wie viele Scheidungskinder zum Beispiel werden dieser unbeschwerten Zeit beraubt und zerbrechen an der vermeintlichen Verantwortung, eine Schuld am Zerbrechen der elterlichen Beziehung zu haben! Nein, das biblische Muster kennt einen Vater und eine Mutter, die Verantwortung für ihr Kind tragen – und nicht umgekehrt.

»Höre« – Salomo erwähnt an dieser Stelle Vater und Mutter. Vor dreißig Jahren war es durchaus noch unüblich, zu meinen, man könne auf einen Teil dieses göttlichen Teams verzichten. Dass man es heute tut, ist ein Zeichen geistiger Zwergwüchsigkeit und blinder Arroganz. Der Schöpfer hat Väter und Mütter mit unterschiedlichen Begabungen und Aufgaben gegeben. Ändern wir diese Ordnung und verachten wir das Geschenk, müssen wir die Folgen tragen, die schon jetzt unübersehbar sind.

Noch etwas – manche Erziehungspsychologen würden an dieser Stelle schreiben: »Setzt euch als Familie mit den Kindern ab und zu ein bisschen zusammen und lernt voneinander; begegnet euch auf Augenhöhe.« – Salomo begegnet seinem Sohn in der Erziehungsphase durchaus nicht auf Augenhöhe, sondern er ist sein Vater und sein Lehrer. Und er hat einen Sohn, der weiß, dass es gut ist, zuzuhören.

Fazit:
Väter müssen hören und gehört haben, bevor sie reden können. Fange heute an, wieder neu auf Gott zu hören. Speise deine Kinder nicht mit frommen Phrasen ab. Erspare ihnen abgestandene geistliche Konserven ohne Herz. Präsentiere ihnen Wasser aus frischem Quell!

Und – wo es hier ja um Bänke geht – auch die Küchenbank tut's manchmal!

5

Vorsicht!

»Das Halten der Gebote Gottes
wird unsere Freude sein und unser Glück zugleich;
denn was sind seine Gebote anders als eine Hand am Wege,
als schwarze und weiße Tonnen, die vor Verderben warnen
und dich sichere Fahrt in das Land des Heils weisen.«
Matthias Claudius

»Mein Sohn, geh nicht mit ihnen auf dem Weg,
halte deinen Fuß zurück von ihrem Pfad;
denn ihre Füße laufen dem Bösen zu,
und sie eilen, Blut zu vergießen.«
Sprüche 1,15-16

Wenn das Leben nur ein unbeschwerter Spaziergang wäre, dann würde sich die Elternschaft in der Tat auf Nahrungsbeschaffung und andere lebenserhaltende Maßnahmen beschränken. Aber so ist es nicht – das Leben birgt eine Reihe von Gefahren, sodass Elternschaft eben zu einem wesentlichen Teil in Schutz und Abwehr von Gefahren besteht.

In fast jedem Kapitel warnt Salomo seinen Sohn vor dem »Bösen«. Diese Warnungen nehmen den weitaus größten Raum ein. Dadurch wird deutlich, dass dieser weise Salomo diesen Warnungen eine sehr große Bedeutung beimisst.

Salomo verbindet das Böse mit dreierlei Umschreibungen:

- Sünder (Sprüche 1,10);
- ein Mann, der Verkehrtes redet (Sprüche 2,12);
- die fremde Frau (Sprüche 2,16 und weitere Stellen in den Kapiteln 3–7).

»Mein Sohn, geh nicht mit ihnen auf dem Weg, halte deinen Fuß zurück von ihrem Pfad; denn ihre Füße laufen dem Bösen zu, und sie eilen, Blut zu vergießen« (Sprüche 1,15-16).

Seit dem Sündenfall existiert das Böse in dieser Welt. Und der Fürst dieser Welt, Satan, ist selbst *der Böse*. Er will zerstören und durcheinanderbringen, wie schon sein Name, *Diabolos* (»Durcheinanderbringer«), sagt. Das Bestreben der modernen Gesellschaft ist es nun, diesem *Bösen* das schlechte Image zu nehmen und es im Extremfall noch *gut* zu nennen. So wird Geiz *geil*, und Abtreibung (Mord) wird als eine Demonstration des Rechts auf den eigenen Bauch verstanden – ist also gesellschaftsfähig. Praktizierte Homosexualität, die noch vor dreißig Jahren strafbar war, darf heute öffentlich noch nicht einmal mehr als Sünde bezeichnet werden. So bleibt der Mensch »Erfinder böser Dinge« (Römer 1,30), und dabei ist er extrem »erfinderisch«.

Unsere Kinder werden sehr früh in ihrem Leben in Berührung mit Bösem kommen – vielleicht im Alter von fünf Jahren in Form der sogenannten frühkindlichen Sexualerziehung oder mit sieben Jahren in Form des ersten Ballerspiels auf dem Smartphone des Nachbarjungen.

Dann kommen bald die Erlebnisse auf dem Schulhof, wo die Zugehörigkeit zu einer bestimmten Clique überlebenswichtig scheint. Salomo kennt den »Schulhof«, deshalb sagt er: »Geh nicht mit ihnen!« Dieser Drang, die Anerkennung einer Clique zu genießen, ist in jedem Kind enorm stark. Mode, Handymarke oder das Vorweisen von Mutproben sollen den »Sohn« erpressen.

Unsere Botschaft ist keine andere als die Salomos: »Geh nicht mit ihnen«, auch wenn es dich reizt und dein Fuß unbedingt dahin will. »Halte deinen Fuß zurück« – warum? Der nächste Schritt ist, dass Blut fließt. Jedenfalls ist es nach Markus 7,21 (»Denn von innen aus dem Herzen der Menschen gehen hervor die schlechten Gedanken: Hurerei, Dieberei, Mord«) kein weiter Weg vom schlechten Gedanken bis zum Mord.

Fazit:
Unsere Argumentation als Väter wird umso überzeugender sein, je besser wir selbst in unserem Erwachsenleben gelernt haben, unsere Füße vom Bösen zurückzuhalten.

Manchmal ist es ratsam, seinen eigenen Herzensentschluss schriftlich zu bestätigen. Hilf dir und deinen Kindern dabei!

Ich fasse folgenden Entschluss in Bezug auf …
z. B. die tägliche gemeinsame Bibellese
z. B. die Einrichtung eines Werbeblockers / einer Filtersoftware fürs Internet usw.

Datum, Unterschrift

6

»Wenn du ihn suchst«

»... wenn du dem Verstand rufst, deine Stimme erhebst
zum Verständnis, wenn du ihn suchst wie Silber
und ihm nachspürst wie nach verborgenen Schätzen,
dann wirst du die Furcht des HERRN verstehen
und die Erkenntnis Gottes finden.«
Sprüche 2,3-5

Wir haben heute keine Lust mehr, lange auf eine Sache zu warten. Fast Food (»schnelle Nahrung«) ist angesagt. Die Pizza im Ofen dauert zwölf Minuten – bei der Fast-Food-Kette mit dem gelben M geht es vielleicht noch schneller, und eine Kaffeemarke wirbt mit dem Slogan »I love Genuss sofort«. Liebe »nehmen« wir uns, wann wir wollen – kein Gedanke an Warten und Suchen, an Mühen und Arbeit.

Salomo nimmt sich extra Zeit, um seinem Sohn diesen Punkt richtig zu erklären. Vielleicht ist er froh, dass hier gerade eine Bank steht. Er setzt sich neben seinen Sohn und teilt ihm eine wichtige Weisheit mit: Es geht nicht ohne Suchen, ohne den festen Willen, dem Verstand zu *rufen*. Wäre es nicht einfacher, sich irgendwie berieseln zu lassen, irgendeine Schnellbesohlung auf einer vierwöchigen Bibelschule? »Vergiss es!«, sagt Salomo. Du musst aktiv werden, musst rufen und suchen und nachspüren. Die Weisheit Gottes kannst du nicht mal eben nebenbei bekommen wie ein Dessert am Ende eines großen Büfetts. Es kommt dir kein Diener entgegen, der dir die geballte Weisheit in Sekundenschnelle eintrichtert. »Mein Sohn« – so funktioniert es nicht.

»Aber ich habe ein weises Rezept«, so Salomos Rat an dich und mich: »Mach dich auf die Suche, investiere Zeit und Kraft.« Warum? Es lohnt sich, denn du wirst Schätze finden, verborgene Schätze. Wenn du diesen Rat an deinen Sohn weitergibst, ist das auch eine gute Gelegenheit, ihm einige deiner eigenen Schätze zu zeigen. Vielleicht haben sie für ihn nicht den gleichen Wert wie für dich, denn er hat dafür ja nicht gegraben. Aber das macht nichts – er sieht deine leuchtenden Augen und hört die Begeisterung in deiner Stimme.

Da war der Abend, an dem du abends völlig fertig im Wohnzimmer warst – an diesem Tag war dir nicht viel gelungen. Du warst auf der Suche nach einem Vers, der dich Gott besser verstehen lässt. Und irgendwie fielen deine Augen auf Psalm 78,72, und plötzlich liest du: »Und er weidete sie nach der Lauterkeit seines Herzens, und mit der Geschicklichkeit seiner Hände leitete er sie.« Moment mal – »Geschicklichkeit seiner Hände«? Und dann geht dir dieser Vers auf wie ein Stern. Ja, mein Gott hat geschickte Hände. Mit diesen Händen leitete er über zwei Millionen Menschen durch eine Wüste; sie hatten immer genug zu trinken und zu essen. Seine Hände haben die Himmel ausgespannt (Jesaja 45,12). Seine Hände berührten den Aussätzigen (Matthäus 8,3). Seine Hände sind der außergewöhnlichste Merkzettel, den es je gab (Jesaja 49,16). Seine Hände wurden am Kreuz durchbohrt.

Ich bin sicher: Dein Sohn wird verstehen, warum dieser Vers für dich ein Schatz ist, und du darfst jetzt beten, dass auch er anfängt, Schätze zu suchen – dass ihn dieses Schatzgräberfieber packt und dass er seine ersten eigenen Schätze findet.

Wochen vergehen, und irgendwann, mitten im dicksten Gewühl des Alltags, bekommst du vielleicht eine Message oder SMS von deinem Sohn mit einem Bibelvers, und du weißt: Er hat einen Schatz gefunden. Er wird ihn hüten und nie wieder vergessen. Ein kleiner Mosaikstein für die Ewigkeit.

Dieser Abschnitt (Sprüche 2,1-8), aus dem unser oben zitierter Vers stammt, enthält noch einen Hinweis, den ich nicht unerwähnt lassen möchte: »Denn der HERR gibt Weisheit« (Vers 6). Wir können als Väter unsere Kinder nicht weise machen, aber wir können ihnen sagen, wo die Weisheit zu finden ist, nämlich ausschließlich bei Gott: »... aus seinem Mund kommen Erkenntnis und Verständnis« (Vers 6). Wie viele Stimmen in unserer Medienwelt beanspruchen Weisheit für sich. Aber es sind letztendlich »geborstene Zisternen, die kein Wasser halten« (Jeremia 2,13).

Schließlich steht noch immer das Angebot: »Wenn aber jemand von euch Weisheit mangelt, so erbitte er sie von Gott« (Jakobus 1,5). Erscheint es dir zu einfach, mein Sohn?

Noch einmal: Dieses Weise-Werden können wir nicht abkürzen oder im Schnellverfahren erlangen. Nein, es ist Fleiß nötig. Und wenn unsere Söhne und Töchter Männer und Frauen Gottes werden sollen, dann werden sie eine Zeit im Leben brauchen, in der sie Ruhe und Zeit haben, ihre Schätze zu heben.

»Öffne meine Augen, damit ich Wunder schaue in deinem Gesetz!« (Psalm 119,18).

7

Die fremde Frau

»... um dich zu erretten von der fremden Frau, von der Fremden, die ihre Worte glättet – die den Vertrauten ihrer Jugend verlässt und den Bund ihres Gottes vergisst.«
Sprüche 2,16-17

Salomo tut eigentlich während des »Spaziergangs« mit seinem Sohn zwei Dinge: Er *motiviert* seinen Sohn, und er *warnt* seinen Sohn. Hat er ihn gerade motiviert, Schätze zu heben, so warnt er ihn jetzt vor der »fremden Frau«.

Weißt du, dass du beides tun musst? Weißt du, lieber Vater, dass du der große Familienmotivator bist? Motivieren heißt: antreiben und vorangehen; deine Kinder (und deine Frau) mitnehmen; in ihnen den Wunsch wecken, Gott zu folgen. Je mehr Motivation, desto weniger Korrektur. Vielleicht hast du bisher deine Rolle darin gesehen, die Dinge immer wieder zurechtzurücken, zu korrigieren – mal so richtig mit der Faust auf den Tisch zu hauen. Dann lerne bitte von Salomo zu motivieren. Salomo suchte Gott; er bat ihn um Weisheit, als er »einen Wunsch frei« hatte (siehe 1. Könige 3,5). Gott lobte ihn für diesen Wunsch nach Weisheit, und deshalb war es Salomo so wichtig, genau das seinem Sohn weiterzugeben.

Aber bei aller Motivation kommen wir auch nicht ohne Warnung aus. Wir wohnen als Familie an einem See im Norden Brandenburgs auf einem Freizeitgelände (www.reiherhals.de).

Im Sommer sind viele Kinder und Jugendliche hier, um die Bibel und den Glauben kennenzulernen. Als der Bootssteg auf dem Gelände abgenommen werden sollte, sagten die Verantwortlichen von der Behörde: »Wir werden euch nicht bestrafen, wenn ein Kind in den See fällt und Schaden nimmt, aber wir werden eine Strafe aussprechen, wenn ihr vor der Gefahr nicht gewarnt habt. Bringt bitte entsprechende Warnschilder an!«

Weißt du als Vater, was läuft? Bist du informiert? Kennst du die Gefahren? Lass deinen Sohn, deine Kinder nicht allein mit ihren Problemen. Zieh dich nicht einfach zurück, weil du es nervig findest oder du abends einfach zu kaputt bist. Plane genügend Zeit für deine Kinder ein. Manche Chance kommt kein zweites Mal.

»Wenn du ein neues Haus baust, so sollst du ein Geländer um dein Dach machen, damit du nicht eine Blutschuld auf dein Haus bringst, wenn irgendjemand davon herabfällt« (5. Mose 22,8). Wie sinnvoll waren diese vielen Anordnungen im Alten Testament! Weißt du, dass deine Kinder – bildlich gesprochen – auf dem Dach herumtanzen und jederzeit tödlich abstürzen können, wenn du ihnen, wenn sie 10 Jahre alt sind, ohne Kommentar ein Smartphone in die Hand drückst? Wenn du keine Zeit hast für ein Gespräch, wenn es in der Schule brenzlig wird? Oder auch wenn du dich zu Hause verbal über den Bruder mit seiner »schwachen« Predigt hermachst?

Salomo warnt hier seinen Sohn vor »der fremden Frau« – und diese Frau steht natürlich für eine gewisse Sorte von Gefahren, die man mit *sexueller Ausschweifung* umschreiben könnte, verbunden mit einem unsittlichen Lebensstil. In den späteren Spazierrunden wird das noch öfter Thema sein.

Hier sind es drei Dinge, vor denen Salomo warnt:

- glatte Worte;
- den Vertrauten der Jugend zu verlassen;
- den Bund Gottes zu vergessen.

Die Konsequenzen sind ebenfalls dreifach:

- am Ende der Tod;
- keine Umkehr möglich;
- das Leben verfehlt.

»Glatte Worte« – der Verführungsapparat ist perfekt. Die Medien haben die Masse im Griff und tragen aktiv zu deren Abstumpfung und Verblödung bei. Darüber hinaus gibt es auf allen möglichen Webseiten zweideutige Bilder und unsaubere Links. Merken wir, dass wir mit »glatten Worten« verführt werden sollen? Eine Spielart der »glatten Worte« ist die, eine Unwahrheit so lange zu wiederholen, bis keiner mehr merkt, dass es eine Lüge ist. So hat die Partei DIE LINKE einen Gesetzentwurf in den Bundestag eingebracht, nach dem es eine Zumutung ist, zu glauben, unser Geschlecht wäre durch die Geburt festgelegt – nein, das will man uns nur einreden. Und dagegen müssen wir uns mit einem Gesetz schützen. – Merken wir eigentlich noch, wie dumm die »fremde Frau« uns ihre »glatten Worte« unterjubeln will?

»Den Vertrauten der Jugend verlassen« – unsere Kinder haben das Recht, von uns zu erfahren, dass eine Ehe auf

Lebenszeit angelegt ist und Gott eine Trennung nicht vorgesehen hat; er hasst sie sogar (Maleachi 2,16). Wir müssen unsere Kinder also warnen, eine Beziehung zu beginnen, die bereits eine Hintertür bei möglichem Scheitern vorsieht. Beziehungsunfähigkeit hat ihren Keim in schlechten Vorbildern. Pass auf, wie du mit deiner Frau umgehst – dein Verhalten wird deine Kinder entweder zu einer festen Beziehung motivieren oder sie mit manchen Enttäuschungen durchs Leben stolpern lassen, zu ihrem eigenen Schmerz und zur Unehre Gottes.

»Den Bund Gottes vergessen« – das ist vielleicht das Schlimmste. Bevor man Dinge vergisst, sind sie einem bedeutungslos geworden. Sie haben keine besondere Rolle in unserem Leben gespielt. Und dann hat man sie irgendwann vergessen. Lass das Wort Gottes in deinem Haus nicht in den Hintergrund rücken – es besteht die Gefahr, dass du es einfach vergisst. Die Folge kann dramatischer nicht sein – »das Leben verfehlt«. Wie motivierend ist dagegen der leidenschaftliche Appell Gottes in 5. Mose 30,19-20: »Ich nehme heute den Himmel und die Erde als Zeugen gegen euch: Das Leben und den Tod habe ich euch vorgelegt, den Segen und den Fluch! So wähle das Leben, damit du lebest, du und deine Nachkommenschaft, indem du den HERRN, deinen Gott, liebst und seiner Stimme gehorchst und ihm anhängst; denn das ist dein Leben und die Länge deiner Tage …«! Schreiben wir diesen Satz in das Lebensbuch unserer Kinder.

Fazit:
»Hüte dich, dass du den HERRN, deinen Gott, nicht vergisst … Sondern du sollst dich daran erinnern, dass der HERR, dein Gott, es ist, der dir Kraft gibt …« (5. Mose 8,11.18).

8
Vertrauen und Verstand

»Vertraue auf den HERRN mit deinem ganzen Herzen,
und stütze dich nicht auf deinen Verstand.
Erkenne ihn auf allen deinen Wegen,
und er wird gerade machen deine Pfade.«
Sprüche 3,5-6

Wieder macht Salomo einen Stopp auf seinem Spaziergang mit seinem Sohn. Und man hat den Eindruck, als ob diese Bank ein längerer Aufenthalt wird. Wird es sogar die wichtigste Bankpause?

Salomo redet hier mit seinem Sohn über das Fundament, das Wichtigste – das, worauf das Leben ruht. Darüber redet man nicht ständig, nicht mal eben am Frühstückstisch – aber irgendwann müssen wir darüber reden. Was trägt durchs Leben und auch durch den Tod? Was verleiht unserem Leben einen ewigen Wert und eine über die Zeit hinausgehende Bedeutung? Wie können wir überhaupt etwas aus diesem Leben in der Ewigkeit wiederfinden?

Salomo gibt seinem Sohn die Antwort, und wir dürfen Zeuge dieses weisen Rats sein: Vertraue auf den Herrn und nicht auf deinen Verstand. Kurz: Den Sinn des Lebens findest du nicht in dir, sondern nur in Gott selbst. Hör auf, dich an dem jahrtausendelangen Herumtappen der Philosophen und Weltverbesserer zu beteiligen. Hör auf, da zu suchen, wo du nicht fündig werden wirst. Die Antwort auf die letzten Fragen kannst du nur von Gott bekommen.

Und so ist es nur folgerichtig, dass Salomo seinem Sohn empfiehlt, sein Vertrauen auch allein auf diesen Gott zu setzen. Glaubst du an dich, oder glaubst du an Gott? – Das ist die Frage. Und Salomos Antwort ist eindeutig und so wichtig in unserer Zeit, die von Slogans wie »Yes, we can« oder »Wir schaffen das« widerhallt. Nein, wir schaffen es nicht! Nicht wir sind es, die dem Leben Rettung und Festigkeit verleihen, und auch unser Verstand taugt nicht als Lebensfundament. Es ist Gott selbst, es ist seine Treue, seine unergründliche Weisheit, seine Allmacht und nicht zuletzt seine Fähigkeit, Güte und Wahrheit auf geniale Weise miteinander zu verbinden.

Diese Lektion Salomos hat keinen drohenden oder lebensverneinenden Charakter. Ganz im Gegenteil: Sie ist eine großartige Befreiung. Ich muss die Sicherheit und Bedeutung für mein Leben nicht in mir selbst suchen, in meiner Mischung aus Unfähigkeit, Dreck und Kurzsichtigkeit, sondern ich darf dieses tragfähige Fundament außerhalb von mir finden, in Gott selbst. Er trägt mich; nicht ich selbst muss mich durchs Leben schleppen.

Was ist nun mit dem Verstand? Sind die Christen doch eine Truppe, die ihren Verstand beim Gang in die Kirche oder Gemeinde an der Garderobe abgibt, wie häufig behauptet wird? Wie bei vielen solcher Fragen empfiehlt es sich, den Bibeltext genau zu lesen. Gott hat nicht gesagt: »Gib den Verstand an der Garderobe ab«, sondern: »Stütze dich nicht auf den Verstand.«

Der Verstand wird gerade in den Sprüchen oft sehr positiv gesehen: »Wer Verstand erwirbt, liebt seine Seele« (Sprüche 19,8). Und der Herr sagt selbst: »Du sollst den Herrn, deinen Gott, lieben mit deinem ganzen Herzen und mit deiner ganzen Seele und mit deinem ganzen Verstand« (Matthäus 22,37). Aber der Verstand muss von Gott kommen. Der Verstand hat immer einen Ursprung, eine Quelle, und wenn diese Quelle falsch ist, kommen wir zu falschen Schlüssen. »Ich bin der Verstand«, sagt Gott selbst in Sprüche 8,14. Und so ist es nur natürlich, dass das erste Vorkommen des Wortes *Verstand* in der Bibel mit einem Ereignis verbunden ist, bei dem Gott zwei Menschen mit besonderen, außergewöhnlichen Fähigkeiten ausrüstete und ihnen ebendazu Verstand gab (2. Mose 31,3). Es waren die beiden Spezialhandwerker, die für den Bau der Stiftshütte zuständig waren. Und wenn Gott Verstand gibt – so wie diesen beiden Männern Oholiab und Bezaleel –, dann deshalb, damit Menschen den Verstand für Gott gebrauchen, und nicht, um ihren eigenen Ruhm zu mehren.

Wir stehen heute in der Gefahr, dass wir unseren dümmlichen (aufgeklärten) Hochmut als Verstand ausgeben und dabei eine Niederlage nach der anderen einfahren. Ist es verständig, Kinder gerade dort zu ermorden, wo sie völlig hilflos und besonders schützenswert sind? Ist es verständig, die Existenz einer Nation durch die Auflösung der Institution Ehe aufs Spiel zu setzen? Zuweilen habe ich den Eindruck, dass die Menschen des 21. Jahrhunderts dem König Nebukadnezar in seiner »Tierzeit« gleichen. Er benahm sich wie ein Tier, und sein Verstand kam ihm bezeichnenderweise erst dann wieder, als er seine Augen zum Himmel aufhob. Genau das ist bis heute die Lösung. Erst wenn wir wieder anerkennen, dass über uns der Höchste wohnt und wir hier unten ohne ihn nichts tun können, haben wir den Vogel-Strauß-Status verlassen – denn vom Strauß heißt es in der Bibel, dass Gott ihm keinen Verstand zugeteilt hat (Hiob 39,17).

Für ein Land gibt es nur Hoffnung, wenn Gott noch einen Platz in der Verfassung hat und die Oberen des Volkes sich im Klaren sind, dass da jemand ist, dem sie verantwortlich sind. Ebenso gibt es auch für dich und mich persönlich nur eine Hoffnung, wenn wir vor dem Kreuz zusammenbrechen und unsere ganze Ohnmacht herausschreien. »Vertraue auf den HERRN mit deinem ganzen Herzen« (Sprüche 3,5).

Vor einigen Jahren – unsere Kinder waren zwischen null und vierzehn Jahre alt – erlebten wir etwas, was die Frage »Vertrauen und Verstand« vielleicht gut illustriert. Wir waren dabei, den »Reiherhals« (das bereits erwähnte Freizeitgelände) auszubauen. Und mitten in der Bauerei stellten wir fest, dass wir die Bestellung einer Stahltreppe einfach vergessen hatten. Das Problem war, dass ohne diese Treppe der Bau nicht weitergehen konnte – wertvolle Wochen würden verstreichen. Nun, die Spezialfirma wurde informiert und der Vertreter war schnell vor Ort. Das Aufmaß wurde gemacht und dann die ängstliche Frage: Wann können Sie liefern? Antwort: Frühestens in sechs bis sieben Wochen. Die Köpfe senken sich – das ist zu spät, erklären wir ihm. Aber er sieht keine andere Möglichkeit – wir hätten uns halt eher melden müssen. Als das Auto vom Hof rollt, zupfen meine Kinder an meiner Arbeitshose: »Papa, lass uns doch dafür beten!« Beten? Für eine Stahltreppe beten? Unsinn! Ich bin froh, dass ich es nur gedacht habe, aber ich wollte mich vor meinen

Kindern auch nicht blamieren – also, auf die Knie und Gott fragen, ob er uns die Stahltreppe nicht in einer Woche geben kann!

Eine Woche war vergangen, als plötzlich das Telefon ging. Die Treppenfirma! »Wir kommen dann morgen und montieren die Treppe.« Wie? Was? »Sie haben doch gesagt, Sie benötigen sechs bis sieben Wochen.« Inzwischen hatte ich mich gesetzt, und das war gut so, denn was der Mann am Telefon dann erzählte, trieb mir die Tränen in die Augen. »Wissen Sie, als ich von Ihnen wegfuhr, bekam ich am selben Tag einen weiteren Auftrag für eine ähnliche Treppe. Der Auftraggeber war eine Botschaft in Berlin. Über die Regierung bekamen wir die Aufforderung, diese Treppe innerhalb einer Woche zu liefern. Ich habe unsere Fertigung angewiesen, die gesamte Produktion zu stoppen, um die Botschaftstreppe zu bauen. Aber in der Fertigung ist ein Versehen passiert: Die Arbeiter haben statt der Botschaftstreppe Ihre Treppe gebaut. Und jetzt, wo sie fertig ist, können wir sie auch einbauen.« Unsere Kinder haben etwas gelernt, und auch ich habe etwas gelernt: Wir können *Gott* vertrauen, oder wir können uns auf unseren *Verstand* stützen. Und du, lieber Leser, kannst gern kommen und diese Treppe hinaufsteigen. Wir haben Gott noch lange für diesen herrlichen Anschauungsunterricht gedankt. Warum mussten mich eigentlich erst meine Kinder auf die Idee mit dem Beten bringen?

»Erkenne ihn auf allen deinen Wegen« – hier gibt Salomo seinem Sohn einen wichtigen Hinweis, dessen Wert man leider nur bei näherem Hinschauen entdeckt. Dazu muss ich ein wenig ausholen – genehmigen wir uns noch eine kleine Zwischenbank.

Erkennen bedeutet in der Bibel nicht nur ein oberflächliches Wahrnehmen, so wie man froh ist, auf der Straße den Blitzer gerade noch rechtzeitig gesehen zu haben. Es ist genau das Gegenteil: *Erkennen* bedeutet völliges Einssein, völlige Identität. (Im Alten Testament wird dieser Ausdruck unter anderem auch für eheliche Gemeinschaft gebraucht.) Salomo gibt seinem Sohn gerade an dieser Stelle den Hinweis, dass eine Beziehung zu Gott nicht in erster Linie ein äußeres Dazugehören ist, sondern genau das Gegenteil: Es ist eine Frage innerer Übereinstimmung, nicht der Haut, sondern des Herzens. Es geht darum, Gott zu *erkennen*, und nicht nur darum, zu ihm zu *gehören*. »Erkenne ihn auf allen deinen Wegen.« Und damit sind wir wieder bei der Liebe – ja, wir dürfen Gott lieben. Wir dürfen wie David Gott einen Psalm schreiben, der mit den herrlichen Worten beginnt: »Ich liebe dich« (siehe Psalm 18)!

Der amerikanische Bibellehrer Warren Wendel Wiersbe hat dazu gesagt: »Das Ergebnis vom Studium der Bibel sollte nicht ein großer Kopf, sondern ein brennendes Herz sein.«

9
»Sei nicht weise in deinen Augen«

»Wenn wir für Gott brauchbar sein wollen,
müssen wir uns in Demut üben. In dem Moment,
in dem wir unser Haupt erheben und denken,
wir wären etwas oder jemand, mustert er uns aus.«
Dwight Lyman Moody

»Zwei Dinge sind unendlich:
das Universum und die menschliche Dummheit.
Aber bei dem Universum bin ich mir noch nicht ganz sicher.«
Albert Einstein

»Sei nicht weise in deinen Augen, fürchte den HERRN
und weiche vom Bösen: Es wird Heilung sein
für deinen Nabel und Erquickung für deine Gebeine.«
Sprüche 3,7-8

Vergeblich wird man diesen Rat in den Rahmenlehrplänen der deutschen Bundesländer suchen: »Sei nicht weise in deinen Augen.« Deshalb müssen wir unbedingt diese Lehrlücke ausfüllen!

Dein Sohn oder deine Tochter wird an deutschen Lehranstalten mit großer Wahrscheinlichkeit genau das Gegenteil lernen: Pflege dein Facebook-Profil! Mach was aus dir! Stelle dich vorteilhaft dar! Mehr Schein(e) als Sein ist gefragt!

Da ist dieser Rat Salomos – wir erinnern uns, der weiseste Mann, der je lebte – wie eine kühle Dusche. »Sei nicht weise in deinen Augen.« Er will seinen Sohn damit zur Vorsicht raten: Du bist nicht das Maß aller Dinge. Und deine »Augen«, das heißt deine eigene Persönlichkeit, eignen sich denkbar schlecht für die eigene Beurteilung, genauso wenig wie die Einschätzung anderer. Mach dich nicht selbst zum Referenz-Maßstab!

Was für ein Lebensbalsam ist doch dieser Rat! Wie kann er uns und die nächsten Generationen vor törichten Fehlern der Selbstüberschätzung bewahren und uns in unserer Hilflosigkeit dahin treiben, wo wahrhaft objektive Beurteilungen zu erwarten sind: zum Herrn selbst! Genau dahin verweist Salomo seinen Sohn: »Fürchte den HERRN und weiche vom Bösen.« Wie einfach ist doch das Leben! Wie viel Tränen und Narben könnten wir uns ersparen, wenn wir doch dieses Wort in kindlicher Einfalt beherzigen würden!

Im Übrigen gibt uns die Bibel beeindruckenden Anschauungsunterricht in puncto »weise sein in den eigenen Augen«.

Da ist zum Beispiel Referenzobjekt Lamech in 1. Mose 4. Er hebelte als Erster in der Bibel die Ehe aus und nahm sich zwei Frauen. Die musste er natürlich beide beeindrucken, und deshalb sagte er zu ihnen: »Ada und Zilla, hört meine Stimme; Frauen Lamechs, horcht auf meine Rede!« (1. Mose 4,23). Er meinte, selbst das Maß aller Dinge zu sein; auf seine Stimme sollte man hören. Was dann in Vers 24 folgt, ist ein Paradebeispiel für Vermessenheit, Selbstüberschätzung und besondere Grausamkeit. Verglichen mit den Schlagzeilen heute kann man sagen: Nichts Neues unter der Sonne!

Wenn man schon von Lamech nicht viel Gottesfurcht erwartete, so doch von Asa oder Hiskia. Aber auch sie hatten Phasen in ihrem Leben, in denen sie sich in ihren Augen sehr weise vorkamen. Asa, ein gottesfürchtiger König von Juda, dessen Geschichte uns in 2. Chronik 14–16 erzählt wird, vergisst am Ende seines Lebens die Treue Gottes, die ihm durch manche Not hindurchgeholfen hat. Er ist weise in seinen Augen und stützt sich auf einen heidnischen König. Auf diesen Fehler von Gott angesprochen, steckt er den Boten ins Gefängnis und wird »ärgerlich«. Wie dumm! Besessen von Selbstgerechtigkeit und um sich schlagend wie ein eingeschnapptes Kind, beendet er in Torheit sein Leben.

Hiskia, ebenfalls ein gottesfürchtiger König des Südreichs, steht in Verbindung mit einer der größten Erweckungen in der Geschichte der Könige von Israel und Juda. Als er sich schon in der »Nachspielzeit« seines Lebens befindet, packt ihn plötzlich der Stolz auf seine Kontostände. Als er den Fürsten von Babel stolz von seinen Renditen berichtet – verlässt ihn Gott. Warum, Hiskia? Hast du vergessen, wer dir deinen Reichtum gegeben hat? Hast du den Erfolg auf deine eigenen Fahnen geschrieben? Warum bist du weise in deinen Augen geworden?

Wohltuender Kontrast ist zum Beispiel Asas Sohn Josaphat, ebenfalls König von Juda. Was für eine bemerkenswerte Persönlichkeit! Als ein gewaltiger Feind vor den Toren der Stadt steht, fühlt Josaphat sich gedrängt, eine Regierungserklärung abzugeben (2. Chronik 20). Diese sollte übrigens in keiner Fortbildung für Bundestagsabgeordnete fehlen. Sie enthält im Wesentlichen zwei Aussagen: »Wir wissen nicht, was wir tun sollen«, und: »In uns ist keine Kraft« – nachzulesen in Vers 12. Wie wohltuend und ermutigend wäre es, eine solche Aussage von Regierungsvertretern der EU zu hören. Es würde zeigen, dass wir gelernt hätten, dass die Himmel herrschen (siehe Daniel 4,23) und dass wir es allein nicht schaffen. Nein, wir schaffen es nicht! Aber von Josaphat lernen wir, was Salomo gemeint hat: »Sei nicht weise in deinen Augen.« Sagen wir es unseren Kindern, damit sie vor Hochmut und Selbstverliebtheit bewahrt bleiben! Sagen wir es uns, damit wir nicht unsere Kinder durch ein schlechtes Vorbild zum Scheitern bringen!

Fazit:
»O Gott, halte mich niedrig, dann muss ich nicht fürchten, zu fallen« (Charles Haddon Spurgeon).

»Die Einsicht [o. Selbsterkenntnis] eines Menschen macht ihn langmütig, und sein Ruhm ist es, Vergehung zu übersehen« (Sprüche 19,11).

»... der Ehre geht Demut voraus« (Sprüche 15,33).

»Die Folge der Demut und der Furcht des HERRN ist Reichtum und Ehre und Leben« (Sprüche 22,4).

10

»Ehre den HERRN von deinem Vermögen und von den Erstlingen all deines Ertrags«

»Gott hat uns erschaffen,
um Menschen zu lieben und Dinge zu benutzen.
Unser Problem ist, dass wir Dinge lieben
und Menschen benutzen.«
Unbekannt

»Ehre den HERRN von deinem Vermögen
und von den Erstlingen all deines Ertrags;
so werden deine Speicher sich füllen mit Überfluss,
und deine Fässer werden von Most überfließen.«
Sprüche 3,9-10

Damit sind wir bei einem der heikelsten Themen überhaupt: dem Geld. Schon gewusst, dass der Herr Jesus fast über kein Thema so viel sagt wie über das Geld? Findest du das Thema zu banal? Nach den ganzen grundsätzlichen und existenziellen Themen jetzt plötzlich das Geld? Das scheint unpassend. Aber genau das Gegenteil ist der Fall.

Als sich beide setzen, Salomo und sein Sohn, merken sie: Diese Bank hat keine Lehne und keine Kissen – sie ist unbequem. Aber sie müssen sich dort hinsetzen. Sie gehört zu dem Rundweg.

Gott benutzt unser Verhältnis zu Geld und Besitz als Testballon. Unsere Überzeugungen müssen sich in irgendeiner Weise zeigen und für unsere Umgebung sichtbar werden. Glaube ohne Werke? Nicht mit Jakobus. Sein Brief macht deutlich, dass beides untrennbar zusammengehört.

Deshalb ist das nächste Vermächtnis von Salomo an seinen Sohn durchaus verständlich. Er empfiehlt ihm jetzt, sich eine Lebensregel aufzustellen: Gibt Gott dir Vermögen – zum Beispiel dein erstes Lehrlingsgehalt oder dein erstes Einkommen überhaupt –, dann gib Gott davon einen Teil. »Ehre« ihn von deinem Vermögen und von den »Erstlingen«. Das kann man sehr gut mit dem ersten Gehalt ausprobieren. Fang also sofort damit an.

Meine Jugend habe ich in der DDR (für Nichteingeweihte: in der Deutschen Demokratischen Republik) verbracht, da hielt sich das »Vermögen« in überschaubaren Größenordnungen. Wobei es Gott natürlich überhaupt nicht um die Quantität geht, sondern um die Qualität. Oder anders ausgedrückt: Es geht Gott nicht darum, wie viel du gibst, sondern wie viel du zurückbehältst. Als das Studium vorbei war und die erste Lohntüte fröhlich winkte, da gab mir ein weiser alter Bruder einen Rat – ich habe ihn nicht vergessen: »Weißt du, Klaus, das mit dem Geld, das funktioniert so: Hast du zu viel, gib es Gott, hast du zu wenig, geh zu Gott.« Nun, ich dachte, das sei zu einfach und auch ein bisschen abgehoben, zu idealistisch. Inzwischen habe ich es oft erlebt: Genau so funktioniert es! So hat Georg Müller zweitausend Kindermünder satt bekommen, so haben zahllose Glaubensmänner und Glaubensfrauen gelebt. Nur heute – heute soll es nicht mehr funktionieren?

Sei ehrlich zu deinen Kindern und erzähle ihnen, wie du Gottes Bank erlebt hast. Erzähle ihnen von der Freude des Gebens und von deinen Niederlagen, als die Konten für Gott gesperrt waren. Und erzähle ihnen vor allem von der Treue Gottes und davon, dass sich seine Regeln bis heute nicht geändert haben.

»Da ist einer, der ausstreut, und er bekommt noch mehr; und einer, der mehr spart, als recht ist, und es ist nur zum Mangel« (Sprüche 11,24). Das ist nur einer von vielen Versen, in denen Salomo die Verse 9 und 10 des dritten Kapitels aufgreift und verdeutlicht. Als Gott einen letzten Liebesappell an sein irdisches Volk Israel richtet, kommt er auch auf das Prinzip des Gebens zu sprechen. Er sagt in Maleachi 3,10: »Bringt den ganzen Zehnten in das Vorratshaus, damit Speise in meinem Haus sei; und prüft mich doch dadurch, spricht der HERR der Heerscharen, ob ich euch nicht die Fenster des Himmels öffnen und euch Segen bis zum Übermaß ausgießen werde.« Glaubst du, dass Gott die Wahrheit sagt? Warum fällt dir dann der Test so schwer?

Für deine Kinder spielt das Geld eine wichtige Rolle. Das ganze Leben wird der Gier untergeordnet, diesem Wahn und Wunschdenken, mit ausreichend Geld werde sich Glück einstellen. Deine und meine Aufgabe ist es, der nächsten Generation klarzumachen, dass es einfach falsch ist – und vor allem nicht funktioniert. Warum nehmen sich so viele Reiche das Leben, warum scheitern so viele »Sternchen« der Regenbogenpresse? Eine Frage an den Sohn: Möchtest du so leben und sterben wie zum Beispiel Michael Jackson?

Nein, fang an auszustreuen und lass uns Gottes Finanz-Spielregeln an die nächste Generation weitergeben. Dann werden auch sie das erleben, was Paulus so treffend sagt: »Einen fröhlichen Geber liebt Gott« (2. Korinther 9,7b).

»Enthalte kein Gutes dem vor, dem es zukommt, wenn es in der Macht deiner Hand steht, es zu tun« (Sprüche 3,27).

11
»Liebe sie«

*»Ich habe immer gesagt, und ich sage es immer noch, dass das andauernde Studium der Heiligen Schrift bessere Bürger, **Väter** und Ehemänner machen wird.«*
Thomas Jefferson

»Erwirb Weisheit, erwirb Verstand; vergiss nicht und weiche nicht ab von den Reden meines Mundes. Verlass sie nicht, und sie wird dich behüten; liebe sie, und sie wird dich bewahren.«
Sprüche 4,5-6

Im vierten Kapitel der Sprüche erzählt Salomo seinem Sohn Dinge aus seiner Jugendzeit; er erinnert sich daran, dass auch er einmal Sohn war. Er erinnert sich daran, dass sein Vater – kein Geringerer als David, der »Mann nach dem Herzen Gottes« (siehe Apostelgeschichte 13,22) – auch damals seinen Sohn gelehrt hat. Salomo macht sich bewusst, dass er von dem profitiert hat, was er von der vorhergehenden Generation empfangen hat, und nun gibt er es weiter an seinen Sohn.

Denken wir oft genug daran, dass wir lediglich ein Glied in der Generationenkette sind? Wir haben empfangen: von unseren Vätern und Müttern, vielleicht von Großeltern, vielleicht (hoffentlich) von geistlichen Vätern und Müttern.

Und nun leben wir nicht für uns selbst, sondern wir haben die Verantwortung, geistliches Erbe weiterzugeben. Diesen Gedanken fasst Salomo in den ersten neun Versen von Kapitel 4 einzigartig zusammen: »Denn ein Sohn bin ich meinem Vater gewesen … Und er lehrte mich« (Verse 3 und 4). Hatte Salomo mit seinem Vater David nicht auch einen genialen Lehrer? Ein »ungeteiltes Herz« erbittet Vater David für seinen Spross. In 1. Chronik 28,9 gibt David ihm diesen Wunsch persönlich mit, und ein Kapitel später bittet er Gott für seinen Sohn (1. Chronik 29,19). Welch ein Vorbild ist David da für uns Väter! Können wir unseren Kindern etwas Besseres wünschen?

Salomo hat das nicht vergessen – auch wenn man später leider den Eindruck hat, dass es ihm genau in diesem Punkt mangelte. Aber hier und jetzt sieht er seine Aufgabe darin, wiederum seinen Sohn zu lehren. Aus seiner Rede in diesen Versen möchte ich einen Punkt herausgreifen, der vielleicht der Kern, der Knackpunkt ist. Es sind nur zwei Worte, aber sie sind das Geheimnis unserer Beziehung zu Gott und unserer Beziehung zu seinem Wort. Sie lauten: »Liebe sie.«

Als meine Kinder mich fragten, was sie in der Schule sagen sollen, wenn man sie nach ihrem Glauben fragt, da erbat ich mir etwas Bedenkzeit. Am nächsten Tag sagte ich ihnen: »Sagt: Es ist eine Liebesbeziehung.« Das, was mein Leben ausmacht, ist keine Religion oder Gemeindezugehörigkeit oder Ähnliches. Es geht tiefer, es ist viel mehr – es ist eine einzigartige Liebesbeziehung. Ich kenne jemanden, der mich liebt und der es an Beweisen dafür nicht hat fehlen lassen, und ich darf ihn wiederlieben. Alles andere wie Glauben, Vertrauen, Bibel verschlingen und Beten und vieles mehr gehört dazu, aber es ist nicht der Kern. Das ist wie mit meiner Ehe. Wenn man mich fragen würde, was meine Ehe ausmacht, würde ich dann sagen, dass wir zusammen die Spülmaschine ausräumen, dass wir gemeinsam arbeiten, unsere Kinder betreuen und ab und zu gemeinsam Laub harken? Dass wir ein gemeinsames Konto haben? Das ist doch nicht der Kern – ich liebe meine Frau, *das* ist es, und genau das beschreibt unsere Beziehung umfassend und vollständig.

Können deine Kinder irgendwie sehen, dass du Gott liebst? Hast du auch schon einmal solch einen Psalm geschrieben wie David mit seinem Opus 18? »Ich liebe dich, HERR, meine Stärke!« Das ist doch der Hammer! Wie kommt denn ein so hartgesottener Kriegsmann dazu, Gott einen so außergewöhnlichen Liebesbrief zu schreiben? Was ging wohl in diesem Moment in ihm vor? Es scheint, als konnte er einfach nicht schweigen. Es platzte förmlich aus ihm heraus: »Ich liebe Dich, Gott, und ich muss es Dir einfach mal sagen.« Wenn du Gott und sein Wort nicht liebst, wird dein christlicher Alltag eine Mischung aus Krampf und Qual werden.

Erlaube mir an dieser Stelle einen Exkurs zum Thema: Wie kann ich die Bibel lieben? Ich habe im nachfolgenden Kapitel zehn Gründe aufgeschrieben, wie man die Bibel lieben kann. Ich fand sie in Psalm 119.

12
Eine Frage der Liebe

»Ergreife die Bibel, bis sie dich ergriffen hat.«
William Henry Houghton

1 Bibellesen – eine Qual?

Da geht es den Jungen nicht anders als den Alten – sie wollen ihre Bibel lesen, und sie wissen auch, dass sie ihre Kraft aus diesem alten Buch schöpfen. Aber die Praxis sieht oft jämmerlich aus. Mit einem neuen Jahr starten wir gewöhnlich wie ein Tiger, um spätestens am 7. Januar wie ein Bettvorleger zu landen und unseren neu ausgedruckten Bibelleseplan mit einigen guten Begründungen aufzugeben. Am 30. April schließlich bedeckt eine dicke Staubschicht den ehrwürdigen Ledereinband.

Maßlos übertrieben? O. k. Trotzdem bleibt die Frage, warum wir uns oft so schwertun mit dem Bibellesen. Lass uns in diesem Kapitel über den Schreiber des 119. Psalms und über seine Botschaft nachdenken. Wir wollen von seinem Umgang mit den Geboten lernen, versuchen, seine Leidenschaft für dieses wunderbare Buch zu teilen.

Sein erstes Geheimnis: Er hat dieses Buch geliebt. Er hatte keinen Plan, den er abhaken musste. Er lebte nicht vom Druck, sondern vom Zug: Etwas zog ihn unwiderstehlich hin zu diesem Buch. Er brauchte es nicht zum Andachthalten, sondern zum Leben. Ganz oft sprach er davon, dass er das Gesetz des Herrn *liebte*.

Wenn ich einen Menschen liebe, wird unser Verhältnis nicht durch Regeln geprägt. Ich will einfach mit ihm zusammen sein. Die Zeit, die ich ihn entbehren muss, ist Verlust. Ist es mit der Bibel so viel anders?

2 »Meine Wonne«

»Und ich werde meine Wonne haben an deinen Geboten, die ich liebe« (Psalm 119,47).

Siebenundvierzig Verse hat es gedauert, bevor der Schreiber das erste Mal über seine Liebe redet. Ist das nicht ein Hinweis darauf, dass Liebe auch wachsen muss? Wir werden anfangen, die Bibel zu lieben, wenn wir sie immer wieder in die Hand nehmen. Und wir können Gott sogar darum bitten, dass er uns den Appetit dazu gibt.

Irgendwann entdecken wir dann »unseren« ersten Vers. Einen Vers, der uns lebendig wird, von dem wir ein Stück leben können. Für mich war das Psalm 138,3. Ich hatte eine schwierige Prüfung vor mir. Da hatte es ein guter Freund auf dem Herzen, mir diesen Vers zu schicken: »Du hast mich ermutigt: In meiner Seele war Kraft.« Das war das richtige Wort zur richtigen Zeit aus dem richtigen Mund. Ich war so glücklich und habe mich tagelang daran gefreut. Inzwischen sind einige Verse dazugekommen.

Für den Psalmisten war es ein Genuss (oder »Wonne«), die Bibel zu lesen, und er wusste, dass das für die Zukunft so sein würde, denn er redet in der Zukunftsform. Er war erwartungsvoll, gespannt, immer auf Sendung sozusagen.

Einen weiteren ermutigenden Vers fand ich in der Lebensgeschichte Josephs. Liest man seine ausführliche Geschichte, kommt man in 1. Mose 41 in Vers 38 an eine sehr interessante Stelle. Der Pharao redet von Joseph und sagt über ihn: »Werden wir einen finden wie diesen, einen Mann, in dem der Geist Gottes ist?« Und du merkst sofort beim Lesen, dass dieser Vers nicht nur von Joseph redet, sondern im Vorbild vorausschauend von dem Herrn Jesus. Gibt es ein schöneres Zeugnis über diesen wunderbaren Herrn? Im Vergleich zum Herrn Jesus verblassen alle Milliarden von Menschen, die sich bisher auf der Erde getummelt haben. Er ist unvergleichlich. Genieße einfach diesen Vers!

3 »Die Hände aufheben«

»... und [ich] werde meine Hände aufheben zu deinen Geboten, die ich liebe; und über deine Satzungen will ich sinnen« (Psalm 119,48).

In diesem Vers macht der Schreiber deutlich, dass sich ein Genuss an dem Wort Gottes ohne Gebet nicht einstellen wird. Gebet und Bibellesen sind untrennbar miteinander verbunden. Ist es der Mangel gerade in diesen beiden Punkten, der uns als Christen oft so jämmerlich aussehen lässt? Beleben wir unsere Gebetskultur, werden wir Wunder erleben!

Unsere Gebete werden oft durch Bitten bestimmt. Deshalb lasst uns das Danken nicht vergessen und darüber hinaus Interesse für die Belange Gottes zeigen. Mose ist hier ein nachahmenswertes Beispiel. Er fragt in 2. Mose 33 zuerst nach Wegweisung: »Lass mich doch deinen Weg wissen« (Vers 13). Ein Gebet, das wir sicher schon alle einmal gesprochen haben. Dabei ringt Mose mit Gott und verlangt noch eine Garantie. Gott gewährt sie ihm. Dann ändert sich plötzlich das Thema, und wie aus heiterem Himmel betet Mose: »Lass mich doch deine Herrlichkeit sehen!« (Vers 18). Endlich rücken mal seine eigenen Befindlichkeiten in den Hintergrund, und er interessiert sich für Gott. *Gott, zeig mir etwas von dir, etwas von deiner Größe!* Auch wenn Gottes augenblickliche Erhörung Mose vielleicht nicht zufriedenstellte – fünfzehnhundert Jahre später hat Gott dieses Gebet nicht vergessen, und er kommt Moses Bitte vollständig nach, indem er ihm auf dem Berg der Verklärung seine Herrlichkeit zeigt.

Vergiss also nicht, die Bibel unter Gebet zu lesen.

4 Für den ganzen Tag

»Wie liebe ich dein Gesetz! Es ist mein Sinnen den ganzen Tag« (Psalm 119,97).

Ist die Bibel nur für den Gottesdienst, nur für den Sonntag oder gar nur für Weihnachten oder für die eigene Trauung? Manche nehmen Luther zu wörtlich und lassen das Wort »stahn« – eben »stehen«. Und da verstaubt es – schade drum! So hatte Luther es dann doch nicht gemeint.

Der Psalmist hatte offenbar eine andere Beziehung zum Gesetz: Er dachte den ganzen Tag darüber nach. Nun, wenn man das machen will, bleibt einem nichts anderes übrig, als den Tag mit einer Bibellese zu beginnen – worüber will man sonst nachdenken?

Liest du in Psalm 119 die Verse 15-16, 23-24, 47-48 und 77-78, dann siehst du, dass es einen direkten Zusammenhang zwischen »sinnen« und »erfreuen« gibt.

Ich höre schon die kritischen Stimmen: *Wie soll ich denn über die Bibel nachdenken, wenn ich in der Schule sitze oder unter dem Auto liege und am Schrauben bin?* – Ich glaube, wir verstehen alle, dass wir nicht in jeder Sekunde des Tages über die Bibel nachdenken können. In dieser Gefahr stehen wir ohnehin nicht. Aber ein Wort, ein Vers kann uns begleiten – so wie dieser Vers aus 1. Mose 41,38 –, und er bereitet uns tatsächlich gewaltige Freude, gibt uns Kraft für den Tag.

Die Bibel ist darüber hinaus ein Lebensbuch. Wir haben im Laufe des Tages so viele Begegnungen und Erlebnisse, und oft können wir im Gespräch auf die Bibel zurückgreifen. So wie der gläubige Geschäftsmann, der von einem Vertreter wieder eine Sammelklage über die »schlechten Zeiten« hörte. Er sagte ihm daraufhin, dass er vor Kurzem eine gute Zusammenfassung unserer Zeit gelesen habe, und las ihm dann 2. Timotheus 3,1-4 vor. Der Vertreter war begeistert: »Wo haben Sie das denn her?« Die Antwort verblüffte ihn völlig: »Aus der Bibel!«

Wenn du deine Gedanken mit dem Wort Gottes speist, werden deine Taten nicht mehr dieselben sein wie vorher.

5 Die Schwäche der zwei Herzen

»Die Doppelherzigen hasse ich, und ich liebe dein Gesetz« (Psalm 119,113).

In der bereits erwähnten Beschreibung in 2. Timotheus 3 werden unter anderem zwei Merkmale genannt: »ohne natürliche Liebe« und »Verräter« (Verse 3 und 4). Beide beschreiben treffend den Ausdruck »Doppelherzige«. Wenn jemand zwei Herzen hat, entsteht die Frage, welchem Herzen man glauben soll. Gary Inrig schreibt in seinem Buch *Herz aus Eisen, Füße aus Ton*: »Die elendesten Menschen dieser Welt sind Gläubige, die sich dem Herrn Jesus nur halb hingeben. Sie wollen von allem das Beste haben, bekommen aber nur das Schlechteste.«

Fängst du an, die Bibel zu lesen, dann wird es dich dazu führen, dass du das Gute liebst und das Böse hasst. Es ist der beste Unterricht in Herzensbildung. Nicht »BILD« bildet, sondern »Bibel bildet« – nach wie vor!

Lass mich noch ein Wort zu den *Doppelherzigen* sagen. Denk bitte nicht: Das sind die anderen, die Verlogenen, die, denen man ihre Falschheit bereits im Gesicht sitzen sieht. Die Neigung, zwei Gesichter zu präsentieren, sitzt sehr tief in uns allen. Nur das neue Leben kann uns die Einfalt geben, auf eine einzige Sache ausgerichtet zu sein und unserem Gegenüber ehrlich zu begegnen.

David wünschte seinem Sohn Salomo öfter ein ungeteiltes Herz (1. Chronik 28,9; 29,19). Können wir heute unseren Kindern etwas Besseres wünschen, als dass sie durch die Lektüre der Bibel zu Persönlichkeiten werden, deren Herzen ungeteilt dem Herrn der Herrlichkeit gehören? Dann werden sie wie der Psalmist auf der Flucht vor den Doppelherzigen sein.

6 »Die Gottlosen der Erde«

»Wie Schlacken hast du weggeräumt alle Gottlosen der Erde; darum liebe ich deine Zeugnisse« (Psalm 119,119).

Ein weiterer Vers, in dem der Psalmist seine Liebe zum Wort Gottes bekundet! Aber der innere Zusammenhang dieses Verses erscheint beim ersten Hinsehen schwierig. Warum liebt der Schreiber die »Zeugnisse«, wenn er an das bevorstehende Gericht denkt?

Ich will versuchen, eine Antwort zu geben. Der Psalmist hat das Gesetz gelesen und dadurch seinen Gott immer besser kennengelernt. Das Wort Gottes ist ihm eine Informationsquelle gerade in Bezug auf zukünftige Dinge geworden. Und ihn hat vielleicht die Frage bewegt, die auch Asaph (siehe Psalm 73) und so mancher alttestamentliche Gläubige durchdacht hat: *Warum geht es den Gottlosen scheinbar gut? Geht es doch ungerecht zu auf der Erde?*

Nein, jetzt entdeckt der Schreiber des 119. Psalms, dass die Gottlosen der Erde »weggeräumt« werden. Er hat gelernt, dass Gott nicht nur sein Retter ist, sondern dass er auch der gerechte Richter sein wird. Was für ein Trost und was für eine Ermutigung, zu wissen, dass jede Tat und jeder Gedanke eine gerechte Beurteilung erfahren wird!

Wer, glaubst du, regiert gerade Europa? Denkst du an Herrn Tusk, an Frau Merkel? Ja, in gewisser Hinsicht regieren sie und tragen Verantwortung. Es bleibt über allem aber unbedingt die Tatsache bestehen, dass »der Herr regiert«. Drei Psalmen beginnen mit dieser majestätischen Feststellung, die Psalmen 93, 97 und 99. Ob der Schreiber von Psalm 119 diese Psalmen bereits kannte? Gründete sich seine Liebeserklärung in Vers 119 auf die herrliche Tatsache, dass »der HERR regiert«? Wenn ja, können wir ihn gut verstehen, und wir haben nun auch weniger Mühe mit diesem Vers.

7 Gold, Gold, Gold

»Darum liebe ich deine Gebote mehr als Gold und gediegenes Gold« (Psalm 119,127).

Jetzt kommen wir noch einmal zu dem empfindlichen Thema *Gold* beziehungsweise *Geld*. Der Schreiber nimmt eine Gewichtung vor: Zuerst deine Gebote, dann das Gold.

Eine solche Gewichtung wird dir nur gelingen, wenn du anfängst, das Wort Gottes zu lieben. Wenn du die Überzeugung gewonnen hast, dass die Bibel ein einmaliges, lebendiges Buch ist, und wenn du gemerkt hast, dass sie nicht nur Gottes Wort *enthält*, sondern von der ersten bis zur letzten Seite Gottes Wort *ist*, dann wird »Gold« in deinem Denken nur noch eine untergeordnete Rolle spielen.

Ist es nicht häufig das Geld, das uns bis heute davon abhält, mehr Zeit dem Studium des Wortes Gottes zu widmen? Finden wir nicht die eine oder andere Überstunde (mit dem entsprechenden Zuschlag ...) lukrativer, als Zeit für das Lebensbuch zu reservieren? Hat das »Gold« uns nicht viel mehr im Griff, als wir zugeben wollen?

Der Schreiber dieses genialen Psalms hatte mit dem »Gold« offenbar kein Problem, denn er sagt: »Darum liebe ich deine Gebote mehr als Gold.« Lass deine Kinder deine Wertschätzung für dieses wunderbare Buch spüren! Wie sollen sie sonst selbst anfangen, darin zu lesen, wenn sie nicht erleben, wie du Berge von Goldbarren links liegen lässt, um nur dieses Buch geistlich zu inhalieren?

8 Die reine Freude

»Wohlgeläutert ist dein Wort, und dein Knecht hat es lieb« (Psalm 119,140).

Lasst uns zwei Dinge aus diesem Vers lernen:

1. »Wohlgeläutert« – das ist ein Hinweis auf die Reinheit und Vollkommenheit der Schrift. Sie hält jeder Prüfung stand. Es ist kein Wort zu viel, und es fehlt nichts. Und es steht unter Strafe, dem Wort seine Kraft zu rauben, indem wir uns heute anmaßen, über die Gültigkeit bestimmter Schriftabschnitte zu Gericht zu sitzen. Ähnliches versuchte schon der König Jojakim in Jeremia 36, und es bekam ihm nicht. Lassen wir die Scheren stecken und fangen wir wieder an, vor der Würde dieses Wortes zu zittern.

2. Der »Knecht« hat es lieb. Wir wissen nicht viel über den Schreiber – manche vermuten Esra als Autor. Was wir aber

sicher wissen, ist, dass der Autor sich als »Knecht« bezeichnet. Welche eine nachahmenswerte Haltung, so mit dem Wort Gottes umzugehen! Sind wir uns unserer Kleinheit bewusst, unserer ganzen Unzulänglichkeit und Fehlerhaftigkeit? Haben wir uns angewöhnt, *über* das Wort zu reden? Besser ist, wir stellen uns *unter* das Wort und überlassen ihm das Urteil. Dann kommen wir in den Genuss des Wortes und dürfen uns als Knechte über manchen Schatz freuen, den der Herr uns in seinem Wort zeigt.

An dieser Stelle möchte ich noch auf zwei Besonderheiten der Schrift hinweisen, die man auch unter »wohlgeläutert« verstehen kann. Zum einen denke ich an die wunderbare Harmonie zwischen den beiden Bibelteilen. Oft wird versucht, das Alte Testament gegen das Neue Testament auszuspielen. Welche zeitverschwenderische Dummheit! Genießen wir doch einfach die Harmonie, die die Schreiber der biblischen Bücher über einen Zeitraum von etwa zweitausend Jahren verbindet – »wohlgeläutert«.

Des Weiteren möchte ich auf die Typologie (Lehre von vorbildhaften Bedeutungen) in der Bibel hinweisen. Nach 1. Korinther 10,6.11 haben die Ereignisse im Alten Testament einen vorbildhaften Charakter. Sich zum Beispiel auf die Entdeckungsreise zu machen und in Joseph mehr als achtzig vorbildhafte Wesenszüge auf unseren Herrn Jesus zu entdecken, ist ein Genuss für sich. Fang an zu suchen! Du wirst »wohlgeläuterte« Speise finden!

9 »Belebe mich«

»Sieh, dass ich deine Vorschriften liebe; nach deiner Güte, HERR, belebe mich!« (Psalm 119,159).

Es ist vielleicht der am meisten bekannte Effekt des Bibellesens: Belebung. Die Psalmen – eine Sammlung von Liedern, Gedichten und Berichten – haben über viele Jahrhunderte wie kaum ein anderes Buch Menschen aufgerichtet und getröstet. Dass der Schreiber diese Vorschriften liebt, wundert deshalb nicht.

Dennoch steckt auch in diesem Vers ein kleiner Denk-Widerhaken: Wann haben »Vorschriften« dich das letzte Mal belebt? Sind es nicht die Mutmach- und Trostverse, denen wir zuerst Belebung zutrauen? Aber der Schreiber bringt die Tatsache der Belebung hier mit Vorschriften in Beziehung.

Gottes Vorschriften wollen nicht gängeln und entspringen ebenfalls nicht irgendeiner Freude an Verboten. Wie bei jedem Auto oder Smartphone eine Gebrauchsanleitung mitgeliefert wird, so hat Gott seinem Geschöpf »Vorschriften« mitgegeben. Er tut das, damit es uns »wohl geht« und damit wir uns keinen Schaden zufügen. Zum Beispiel hat er verfügt, dass der Mensch in der Ehe als Mann und Frau zusammenleben soll und dass diese Beziehung auf Lebenszeit angelegt ist. Er hat auch verfügt, dass der Mensch nicht töten soll, auch nicht ungeborenes Leben. Das sind alles gute Vorschriften, deren mögliche Missachtung in jedem Fall zum Schaden des Menschen ist. Ja, da kann man verstehen, dass der Psalmist Vorschriften liebt – weil sie einfach gut und genial sind.

Noch ein Wort zur Belebung. Vielleicht kennst du Christen, die seelisch oder geistlich ein Tal durchschreiten. Ihnen fehlt ein Vers, der sie wieder ans Licht bringt. Aber du hast gerade heute einen Vers gelesen. Gib ihn weiter, als SMS, als E-Mail, als Brief, als Anruf oder bei einem Besuch. Du weißt, dass Gottes Wort Kraft hat? Dann nutze sie belebend für deinen Nächsten.

10 Das Gute lieben und das Böse hassen

»Lüge hasse und verabscheue ich; ich liebe dein Gesetz« (Psalm 119,163).

Der Herr Jesus sagte einmal: »Denkt nicht, dass ich gekommen sei, Frieden auf die Erde zu bringen; ich bin nicht gekommen, Frieden zu bringen, sondern das Schwert« (Matthäus 10,34). Seine Botschaft hat immer polarisiert und verlangt noch heute eine Entscheidung.

Wer das Gute liebt, muss das Böse hassen. Das ist eine unpopuläre Aussage – wo wir doch heute an den Schulen lernen, gegensätzliche Auffassungen zu »harmonisieren«, sie »dialektisch« wieder unter einen Hut zu bringen. Gott ist nicht dialektisch, bei ihm ist das Ja ja und das Nein nein (vergleiche Jakobus 5,12).

Der Psalmist gebraucht nur wenige Worte: »Lüge hasse und verabscheue ich.« *Bleibt mir weg damit!* – Er empfängt die Kraft, Lüge zu verabscheuen, aus seiner Liebe zum Wort Gottes. Er kann es nicht ertragen, beides in einen Topf zu werfen.

Der Christ verabscheut es, wenn kirchliche Würdenträger den Sühnungstod Jesu als unnötig ansehen. Er verabscheut es, wenn praktizierte Homosexualität im Pfarrhaus stattfindet.

Aber dieser Hass prägt nicht das Wesen des Christen. Er gehört keiner Hassreligion an. Er gehört überhaupt keiner Religion an, sondern er ist eine Liebesbeziehung mit einer Person eingegangen. Das prägt das Wesen seiner Gottesbeziehung. Und deshalb kann man so gut verstehen, dass er auch das Gesetz liebt und die Lüge hasst.

11 Beachten und bewahren

»Meine Seele hat deine Zeugnisse beachtet; und ich liebe sie sehr« (Psalm 119,167).

Das ist eine passende und herzerwärmende Zusammenfassung des Psalmisten am Ende des vorletzten Abschnitts.

Seine Liebe zum Wort Gottes, zu den »Zeugnissen« Gottes nimmt zu: »... und ich liebe sie sehr.« Bleib nie stehen in deiner Beziehung zu deiner Bibel! Lies weiter! Lies noch mal! Grabe tiefer! Frag nach! Freue dich daran!

Und dann – »beachte« die Zeugnisse! Es ist ein besonderes Geschenk, sein Leben als gerade Linie verlaufen zu sehen. Haben wir oft Unterbrechungen oder manchen Knick in unserem geistlichen Lebenslauf? Wie viele Personen in der Bibel begannen gut und endeten schlecht? Ist es so schwierig, zu »beachten« und zu »bewahren«? Ja, es ist zumindest schwieriger, als zu beginnen. Wir brauchen ungeheure Kraft und Energie, um festzuhalten und zu beachten. Woher bekommen wir sie? Wer gibt sie uns?

Es ist die Liebe zu Gottes Wort: » ich liebe sie sehr « Hand aufs Herz: Hast du das schon einmal gesagt, oder denkst du beim Lesen dieses Kapitels die ganze Zeit: *Wovon redet er eigentlich?*

Zugegeben: Diese Bank war etwas länger, vielleicht das Bergfest der Wanderung, die Mitte – das Wichtigste? Entscheide selbst und finde mit deinen Kindern heraus, wie ihr gemeinsam eure Liebe zur Bibel leben könnt.

13
»Denn sie ist dein Leben«

»Halte fest an der Unterweisung, lass sie nicht los;
bewahre sie, denn sie ist dein Leben.«
Sprüche 4,13

Salomo, der weiseste Mann, der je auf der Erde lebte – natürlich mit Ausnahme unseres Herrn Jesus Christus –, wird hier sehr eindringlich. Vielleicht reden wir nicht oft mit unseren Kindern über die wirklich wichtigen Dinge in ihrem Leben. Vielleicht erklären wir ihnen überhaupt zu wenig, was das Leben ist. Vielleicht haben wir auch selbst nur ungenügend darüber nachgedacht. Hier sagt Salomo seinem Sohn, was das Leben ausmacht. Hören wir gut zu!

Leben ist mehr als atmen und arbeiten. Leben ist mehr als Geld anhäufen und wieder ausgeben. Leben ist mehr als sich selbst verwirklichen und alle seine vermeintlichen Träume Realität werden lassen.

Leben ist mehr als nur vege*tier*en. Wie schon das Wort sagt: Ohne Gott ist der Mensch wie ein Tier – und so verhält er sich auch. Asaph hatte Gott für eine Zeit aus seinem Denken verbannt und sehr schnell merkte er: »Ein Tier war ich bei dir« (Psalm 73,22). Erst als er in die »Heiligtümer Gottes« ging, konnte er Dinge, die er beobachtete und zunächst nicht verstand, wieder einsortieren. Gott macht mit Nebukadnezar das bekannte Experiment und lässt sein Herz tatsächlich zu dem eines Tieres werden. Was war das Zeichen seiner »Menschwerdung«? Er wurde genau dann wieder Mensch, als er seine Augen zum Himmel erhob. Dann kam ihm sein Verstand wieder – wir haben uns bereits daran erinnert.

Wirklich leben – das ist: mit *dem* Frieden zu haben, der uns geschaffen hat. Leben ist, auf Gott zu hören und sein Wort zu bewahren. Leben ist, zu wissen, woher man kommt und wohin man geht. Leben, das ist der tiefe Sinn unseres Hierseins, nicht für die Zeit, sondern für die Ewigkeit zu leben. Leben, das ist eine Person, die von sich sagt: »Ich bin der Weg und die Wahrheit und das Leben« (Johannes 14,6).

Und genau damit sind wir wieder bei Salomo. »Halte fest an der Unterweisung, lass sie nicht los; bewahre sie, denn sie ist dein Leben.« Ein kurzer Satz und so viel Weisheit! Das Festhalten an der Unterweisung und das Bewahren – das ist unser Leben. Sagen wir es unseren Söhnen und Töchtern, damit sie nicht am Leben vorbeigehen. Sagen wir es ihnen, damit sie nicht zum Tier werden. Sagen wir es ihnen, damit sie nicht »um den Preis ihrer Seelen irren«, wie es Jeremia so treffend formuliert (siehe Jeremia 42,20).

Einen ähnlichen Appell finden wir in der Geschichte Gottes mit seinem Volk Israel. Ein ganzes Bibelbuch widmet Gott einer einzigartigen Liebeserklärung an sein Volk. Im 5. Buch Mose sagt er ihnen sechsmal, dass er sie liebt (5. Mose 4,37; 7,8.13; 10,15; 23,6; 33,3); dass alle seine Motive genau darin ihren Ursprung finden, nämlich in seiner Liebe zu seinem Volk. Von seiner Seite ist somit alles gesagt. Aber das enthebt wiederum das Volk nicht von seiner Verantwortung. Gott zwingt uns bis heute nicht, seine Liebe zu erwidern.

Deshalb folgt in den letzten Kapiteln des 5. Buches Mose ein ernster Appell: Ihr müsst euch entscheiden zwischen Segen und Fluch, zwischen Gehorsam und Ungehorsam. Ich sage euch genau, was das im Einzelnen bedeutet – aber entscheiden müsst ihr.

Und dann kommen die Worte, die an Eindringlichkeit kaum zu übertreffen sind: »Ich nehme heute den Himmel und die Erde als Zeugen gegen euch: Das Leben und den Tod habe ich euch vorgelegt, den Segen und den Fluch! So wähle das Leben, damit du lebest, du und deine Nachkommenschaft, indem du den HERRN, deinen Gott, liebst und seiner Stimme gehorchst und ihm anhängst; denn das ist dein Leben und die Länge deiner Tage, dass du in dem Land wohnst, das der HERR deinen Vätern, Abraham, Isaak und Jakob geschworen hat, ihnen zu geben« (5. Mose 30,19-20). »Wähle das Leben« – ob sie sich an diesen Appell erinnerten, als sie in die Assyrische und in die Babylonische Gefangenschaft geführt wurden?

Nein, so wenig, wie wir selbst um den Preis unserer Seelen irren wollen, so wenig wollen wir, dass die nächsten Generationen am Leben vorbeigehen. Und da, wo wir durch unser eigenes Versagen schuldig geworden sind, da lasst es uns vor Gott und unseren Kindern bekennen und umkehren. Wenn wir glaubhaft das Leben wählen, wird es auch die nächste Generation leichter haben, den Wert dieses Lebens für sich zu entdecken.

Fazit:
Denke mit den nächsten Generationen über folgende Verse nach:

- »Die Furcht des HERRN ist eine Quelle des Lebens …« (Sprüche 14,27).
- »… der Gewinn der Erkenntnis ist dieser, dass die Weisheit ihren Besitzern Leben gibt« (Prediger 7,12).
- »… es ist nicht ein leeres Wort für euch, sondern es ist euer Leben« (5. Mose 32,47).

14
»Behüte dein Herz«

»Das Problem ist heute nicht die Atomenergie,
sondern das Herz des Menschen.«
Albert Einstein

»Behüte dein Herz mehr als alles, was zu bewahren ist;
denn von ihm aus sind die Ausgänge des Lebens.«
Sprüche 4,23

Vor einigen Jahren besuchte ich die Ruinen der »Wolfsschanze«, des »Führerhauptquartiers« in Masuren. Was sich mir besonders einprägte, waren die unglaublich dicken Betonmauern, die unheimlich anmutenden Bunkerreste. Es wirkte wie ein Hochsicherheitsgefängnis. In Wirklichkeit war es für drei Jahre das Herz eines unvorstellbar grausamen Krieges. Und der, der diesen Krieg führte, unternahm alles, um dieses Herz oder, wie man es auch nannte, das »militärische Lagezentrum des Führungsstabes der deutschen Wehrmacht« zu schützen. Was geschah hier? Nun, hier wurden Entscheidungen getroffen, und von hier aus wurden die erteilten Befehle an den einzelnen Frontabschnitten mehr oder weniger in die Tat umgesetzt. Der »Führer« tat alles, um sein »Kriegsherz« zu schützen, denn hier wurden die Ausgänge des »Kriegs«-Lebens entschieden.

Salomo erklärt nun seinem Sohn nicht nur, was das Leben ist, sondern auch, wie das Leben funktioniert. Wieder haben sie auf ihrem Spaziergang eine Bank gefunden, und wieder dürfen wir zuhören, wie ein weiser Vater mit so wenigen Worten so viel Wichtiges sagt.

»Behüte dein Herz« – nun, es ist klar, dass damit nicht nur unser muskuläres Hohlorgan gemeint ist. Allein dieses Organ ist existenziell wichtig, um unseren Körper am Leben zu erhalten. Deshalb hat der Schöpfer dieses Organ – schon rein anatomisch betrachtet – sehr behütet eingebaut. Aber Salomo teilt hier seinem Sohn mit, dass er nicht nur aus einem Körper besteht, sondern dass seine Identität aus Körper, Seele und Geist besteht. Paulus erwähnt diese Tatsache fast nebensächlich in 1. Thessalonicher 5,23b.

Nun erklärt Salomo seinem Sohn, dass es einen Bereich in seinem Menschsein gibt, der wie eine Schaltzentrale funktioniert. Dort trifft er die Entscheidungen seines Lebens. Dieses Herz wird von uns selbst geformt und gebildet.

Herzen können

- zerbrechen;
- Bosheiten ersinnen;
- betäubt sein;
- Gedanken haben;
- gestärkt werden;
- verhärtet werden;
- feige sein;
- geteilt sein;
- sich über andere erheben;

- ärgerlich sein;
- verführt werden;
- verzagt sein;
- froh sein;
- fröhlich sein;
- lieben;
- schmerzen.

Für alle diese Funktionen finden wir Hinweise in der Schrift. Unser Herz in diesem Sinn ist also unvorstellbar komplex. Nun drängt sich die spannende Frage auf: Wie kann ich denn mein Herz behüten? – Auch wenn Salomo an dieser Stelle keine konkreten Hinweise gibt, möchte ich gern ein paar Gedankenanstöße dazu geben:

- Unsere Kraft wächst aus der Stille:
  - Wir brauchen in dieser lärmenden Welt Zeiten der Stille und der Ruhe.
  - Wir müssen denken, bevor wir handeln.
  - Wir brauchen eine biblische Basis für unser Denken.
  - Zwinge dich zur Ruhe und plane regelmäßige Besinnungs- und geistliche Auftankzeiten.

- Unsere Gedanken sind die Eltern unserer Taten:
  - Wir sollen unsere Gedanken unter den Gehorsam des Christus gefangen nehmen (2. Korinther 10,5).
  - »Dass die Vögel der Sorge und des Kummers über deinem Haupt fliegen, kannst du nicht ändern. Aber dass sie Nester in deinem Haar bauen, das kannst du verhindern« (Martin Luther).

- »Unser Charakter von morgen ist das Ergebnis unserer Gedanken von heute« (Randy Alcorn).
- Gott erwähnt bereits in 1. Mose 6,5, dass »alles Gebilde der Gedanken [des menschlichen] Herzens nur böse« ist den ganzen Tag. Das ist das Problem: die bösen Gedanken und das verdorbene Herz des Menschen.

- Augen und Ohren sind die Tore unseres Herzens:
  - Hiob hat einen Bund oder Vertrag mit seinen Augen geschlossen (Hiob 31,1) – um sich selbst vor sexueller Ausschweifung zu schützen.
  - Unsere Augen sind »unersättlich« (Sprüche 27,20) – das wissen auch die Programmplaner der Medien.
  - Brauchen wir die ständige Beschallung?
  - Hat der Teufel nicht gerade in unserer Zeit in dieser Hinsicht einen gewaltigen Siegeszug?
  - Schaffen wir es, unsere eigenen Augen zu bändigen – und dies auch unsere Kinder zu lehren?

15
Schon wieder die fremde Frau

»Behüte mich in der Jugend, wenn meine Leidenschaften stark sind! Behüte mich im Alter, wenn ich mir auf meine Weisheit etwas einbilde und deshalb ein größerer Tor sein mag als selbst die Jungen.«
Charles Haddon Spurgeon

»... nähere dich nicht der Tür ihres Hauses ...«
Sprüche 5,8b

Dieser lange Spaziergang Salomos mit seinem Sohn in den Kapiteln 1 bis 9 hat eine eigenartige Route, einen wunderlichen Verlauf. In den ersten vier Kapiteln haben wir bisher gesehen, dass Salomo seinem Sohn eine Reihe ungemein wertvoller Hinweise gibt. Das können wir gut verstehen, das erscheint logisch und angemessen.

Was jetzt ab Kapitel 5 bis einschließlich Kapitel 7 folgt, ist ein – vorsichtig ausgedrückt – eigenartiger Verlauf. Man könnte diese Kapitel mit dem Ausdruck »Die fremde Frau« überschreiben. Zweierlei ist verwunderlich:

- zum einen, dass Salomo das Thema *Sexualität* und *sexuelle Verführung* so direkt aufgreift;
- zum anderen der Umfang und die Ausführlichkeit, die er diesem Thema widmet.

Diese Tatsache ist für mich ein Beweis, wie aktuell die Bibel ist – die Aktualität ist regelrecht erschlagend. Man meint, diese Kapitel wären vor fünf Jahren geschrieben worden. Und dann freue ich mich, dass ich dieses Buch habe, dass ich es meinen Kindern ans Herz legen darf mit der Überzeugung: *Hier findet ihr alles, was ihr für das Leben braucht!*

Ich möchte versuchen, in drei Abschnitten auf diesen bedeutenden Teil der Lehren Salomos einzugehen, und beginne zuerst mit dem zweiten Teil des achten Verses von Kapitel 5.

»Nähere dich nicht der Tür ihres Hauses« – »Die fremde Frau« scheint mir ein Synonym zu sein für alles, was mit sexuellen Reizen und falsch praktizierter Sexualität zu tun hat. Das beginnt eben mit unseren Gedanken und reicht über Pornografie bis hin zur Hurerei. Salomo weiß um den Genuss von Sexualität und um die bitteren Früchte von Hurerei. In diesem Wissen gibt er uns Vätern und natürlich auch den nächsten Generationen diesen extrem wichtigen Rat: »Nähere dich nicht der Tür ihres Hauses.« Was bedeutet das?

Es bedeutet, dass es gefährlich ist, sich diesen sündigen Situationen zu nahen. Man muss einen großen Bogen darum machen. Spiel nicht damit! Denke nicht, du hättest alles im Griff! Denn genau das gehört zur Spielart sexueller Verführung: Lange Zeit lässt sie ihr Opfer in dem Glauben, es würde noch alles kontrollieren. Wir werden später sehen, dass mit zunehmender Nähe zur »fremden Frau« der Verstand abnimmt. Am Ende wird das Opfer abgeführt »wie ein Ochse zur Schlachtbank« (Sprüche 7,22).

Wenn wir merken, dass Dinge uns gefährlich werden könnten, dann empfiehlt uns der Herr, das Auge auszureißen: »Wenn aber dein rechtes Auge dir Anstoß gibt, so reiß es aus und wirf es von dir« (Matthäus 5,29). Warum ist der Herr so radikal in seiner Ausdrucksweise, geht es nicht auch anders? Nein, es geht offenbar nicht anders.

Vor vielen Jahren hatten wir in unserem Haus eine Jugendstunde. Wir erlebten, wie ein Jugendlicher einen Kampf mit oder gegen seine Schallplatten kämpfte. Er wusste, dass ein gewisser Musikstil nicht zu seinem christlichen Bekenntnis passte. Eines Tages rief mich sein Vater ganz aufgeregt an und berichtete, er habe gerade in seiner Küche gesessen, als er sah, wie eine Schallplatte nach der anderen aus dem Fenster seines Sohnes auf den Hof flog und dort zerkrachte. Den Abschluss bildete mit einem gewaltigen Scheppern die gesamte Musikanlage. Aus diesem Jugendlichen wurde später ein Vater, der wusste, wovon er sprach, wenn es darum ging, »das Auge herauszureißen« beziehungsweise wenigstens die Stöpsel aus den Ohren zu reißen und die Schallplatten durchs Fenster zu befördern.

Salomo beendet diesen Abschnitt mit der Warnung, dass Sünden im sexuellen Bereich gravierende Folgen haben werden. Wir werden stöhnen, wenn unser Fleisch und unser Leib »dahinschwinden« (Sprüche 5,11). Gott lässt es nicht an Warnung und eindringlicher Wortwahl fehlen. Die Geschichte der Krankheit Aids ist Beweis genug, wie wahr die Warnung des Schöpfers ist. Er kennt uns; er weiß, wie wir wirklich glücklich werden; und er weiß auch, wann und wie wir uns selbst zugrunde richten werden. Wie gnädig, dass er uns in unserer Sturheit noch Stoppzeichen setzt!

16
Die eigene Frau

»… erfreue dich an der Frau deiner Jugend …«
Sprüche 5,18

Zugegeben: Diese Worte Salomos haben einen etwas seltsamen Beigeschmack, wenn man bedenkt, dass gerade er sich ein Frauenhaus mit tausend Einzelsuiten einrichtete. Trotz allem gebraucht Gott ihn als Schreiber dieser Kapitel, um uns göttliche Weisheit zu lehren.

Die Weisheit der Verse 15 bis 19 lautet: Gott ist immer ein Gott des Gleichgewichts. Er warnt vor dem Bösen, aber er zeigt genauso das Gute. Und vielleicht ist ja eine der wirksamsten Methoden, vor dem Bösen zu warnen, die, das Gute zu betonen. Du meinst, Gott wäre der große Spielverderber? Weit gefehlt. Kennen deine Kinder dich als jemand, der alles verbietet? Dann hast du irgendetwas nicht gut verstanden. Zeige ihnen das Gute.

Das Gute hier ist, dass wir erfahren: Gott hat sich die Gabe der Sexualität ausgedacht. Sexualität ist das Sahnehäubchen auf dem Eisbecher ehelicher Beziehungen. Und da dieses Thema sehr komplex ist, hat Gott uns auch gleich die Bedienungsanleitung dazugegeben: Sexualität gehört in den Schutzraum der Ehe. Das sagt Gott nicht, um uns zu ärgern, sondern um uns den maximalen Genuss zu ermöglichen. So ist Gott.

Deine Kinder haben schneller gemerkt als du, wie sexualisiert unsere Gesellschaft ist. Und sie arbeitet sehr zielstrebig daran, auch noch die letzten Tabus zu brechen. Haben wir uns daran gewöhnt? Empfinden wir noch Ekel?

Ein Freund von mir hielt es eines Tages nicht mehr aus. Er nahm sich in der Abenddämmerung sein Fahrrad, einen großen Pinsel und einen Eimer schwarze Farbe – und dann übermalte er alle großen »Mach's mit«-Kondom-Werbungen. Er hielt es nicht mehr aus; es bereitete ihm regelrecht körperliche Schmerzen. (Ich schreibe das hier ohne Wertung – es war seine Art, mit diesem Problem umzugehen.) Aber ich war erschrocken über meine eigene Gewöhnungshaltung. Mit der Zeit schlucken wir alles, oder? Hoffentlich nicht.

Der Mensch hat es noch immer fertiggebracht, alle guten Gaben Gottes ins Gegenteil zu verkehren. Dass er dabei viel oder alles verloren hat, hat er erst sehr spät oder gar nicht bemerkt.

Deshalb: Erzähl deinen Kindern, wie gut es für sie ist, wenn sie warten lernen. Erzähl ihnen, wie Gott dich in deiner Ehe auch in dieser Hinsicht gesegnet hat. Erzähl ihnen, dass es besser ist, in den Armen seiner eigenen Frau zu »taumeln« (siehe Sprüche 5,19) als in den Armen der »fremden Frau« (siehe Sprüche 5,20).

»Denn vor den Augen des HERRN sind eines jeden Wege, und alle seine Bahnen wägt er ab« (Sprüche 5,21). Ist es nicht bezeichnend, dass gerade hier die Augen des HERRN erwähnt werden? Hält er sie denn über uns Menschenkindern offen, um auch gleich jeden Fehltritt zu ahnden?

Gott hat keine Freude an Bestrafung. In 2. Chronik erfahren wir, warum die Augen des HERRN die ganze Erde abscannen: »Denn die Augen des HERRN durchlaufen die ganze Erde, um sich mächtig zu erweisen an denen, deren Herz ungeteilt auf ihn gerichtet ist« (2 Chronik 16,9; siehe auch Sacharja 4,10).

Wie befreiend ist es, wenn unsere Kinder von uns erfahren, wie Gott wirklich ist! Gott sucht Menschen, deren Herz ungeteilt (siehe Davids Wunsch für Salomo) auf ihn gerichtet ist. Warum? Damit er sich mächtig an ihnen erweisen kann. So ist Gott.

Und deshalb vergiss nicht: Hebe das Gute hervor, selbst wenn du Warnungen aussprechen musst.

Fazit:
Denke mit deinem Kind über folgendes Zitat nach: »Das Geheimnis des Friedens im Innern und der Kraft nach außen ist, sich mit dem Guten zu beschäftigen, ja, sich immer und immer mit dem Guten zu beschäftigen« (John Nelson Darby).

17

»Die böse Frau«

»Unsaubere Bilder sind der Haken an der Angel des Teufels.«
Randy Alcorn

»... um dich zu bewahren vor der bösen Frau,
vor der Glätte der Zunge einer Fremden.«
Sprüche 6,24

Um Missverständnissen vorzubeugen, sei an dieser Stelle gesagt, dass das Fallbeispiel in diesen Kapiteln natürlich nicht besagt, dass Frauen an sexuellen Verfehlungen allein die Schuld tragen. Liest man die Geschichte aufmerksam, könnte man eher zu der Annahme kommen, dass die vorherrschende Charaktereigenschaft einer Frau ihre Verführungskunst ist, während die des Mannes seine unfassbare Dummheit ist. Das ist – zugegeben – wenig schmeichelhaft für uns Männer. Aber genau darin gipfelt der biblische Unterricht in den Kapiteln 6 und 7. Hier die Textbeispiele:

- »Wer mit einer Frau Ehebruch begeht, ist unsinnig [wörtlich: »dem fehlt Herz, Verstand«]; wer seine Seele verderben will, der tut so etwas« (Sprüche 6,32).
- »Auf einmal ging er ihr nach, wie ein Ochse zur Schlachtbank geht und wie Fußfesseln zur Züchtigung des Narren dienen, bis ein Pfeil seine Leber zerspaltet;

wie ein Vogel zur Schlinge eilt und nicht weiß, dass es sein Leben gilt« (Sprüche 7,22-23).

Eindringlicher als in den Kapiteln 6 und 7 kann vor Sünde im sexuellen Bereich nicht gewarnt werden. Was ist dabei besonders nach-denkens-wert?

- »Sollte jemand Feuer in seinen Gewandbausch nehmen, ohne dass seine Kleider verbrannt würden?« (Sprüche 6,27).
  Gott macht in diesem Vers die Verbindung zwischen verborgenen und öffentlichen Dingen deutlich. Wir müssen unseren Kindern klarmachen, dass es in ihrem Leben keinen Bereich gibt, der dauerhaft verborgen bleibt. Entweder werden Tatsachen bekannt, oder aber unser verborgener Umgang prägt unsere Gewohnheiten und unseren Charakter, unser Denken und unser Reden. Es ist unmöglich, verborgene und offenbare Dinge dauerhaft voneinander zu trennen. »Second Life« wird irgendwann zum »Prime Life«.

- »Oder sollte jemand über glühende Kohlen gehen, ohne dass seine Füße versengt würden?« (Sprüche 6,28).
  In diesem Verspaar (Verse 27-28) steckt ein zweiter Gedanke: Auch verborgene Sünden haben Folgen. Wir werden uns nicht nur die Finger, sondern auch die Füße verbrennen. *Füße* stehen in der Schrift oft für unseren Lebenswandel; er wird unehrenhaft für Gott sein. Die Frucht für Gott geht verloren – welch eine Tragödie!

- »Man verachtet den Dieb nicht, wenn er stiehlt, um seine Gier zu stillen, weil er hungrig ist; und wenn er gefunden wird, kann er siebenfach erstatten, kann alles Gut seines Hauses hingeben. Wer mit einer Frau Ehebruch begeht, ist unsinnig; wer seine Seele verderben will, der tut so etwas« (Sprüche 6,30-32).

Merken wir, wie interessant und herausfordernd Gott hier argumentiert? Gott fragt ja immer nach den Motiven – was veranlasst einen Menschen zu seinen Taten? Hier vergleicht Gott einen Dieb und einen Ehebrecher miteinander. Ja, er stellt fest, dass der Dieb nicht verachtet wird. Es gibt einen natürlichen, nachvollziehbaren Grund für dessen Tun – er hat Hunger. Und er kann die Tat auch wiedergutmachen. Und so erspart sich Gott in diesem Zusammenhang eine negative Wertung. Aber nur, um damit deutlich zu machen, wie unsinnig im Vergleich dazu Hurerei ist. Denn mit einer Frau Ehebruch zu begehen – dafür gibt es keine Notlage. Dreißig Minuten Lust bewirken das Verderben der Seele. Welcher Mann, der noch etwas bei Verstand ist, würde über so einen Deal nachdenken? Keiner. Es ist unsinnig. Gottes Wortwahl ist überdeutlich, und sein Urteil steht bis heute: »Wer mit einer Frau Ehebruch begeht, ist unsinnig.«

Warum redet Salomo so ausführlich und detailliert über diese Dinge? Er möchte seinen Sohn warnen. Es gibt Sünden, deren Folgen wir ein Leben lang tragen – Sünden, die Beziehungen im Innersten treffen und zerstören. Reden wir mit unseren Kindern darüber, und helfen wir ihnen, sich auf die Ehe vorzubereiten! Sie haben das Recht, von uns zu erfahren, dass die Ehe auf Lebenszeit angelegt ist, und sie müssen darüber hinaus wissen, dass eine Ehe beständig gepflegt werden muss. Der beste Weg: Mach es ihnen einfach vor!

18
»Viele Erschlagene hat sie niedergestreckt«

»Der kritische Punkt in unserem Leben ist nicht,
***dass** wir versagen, sondern **wie** wir versagen.«*
Gary Inrig

»Nun denn, ihr Söhne, hört auf mich, und horcht auf die
Worte meines Mundes! Dein Herz wende sich nicht ab
nach ihren Wegen, und verirre dich nicht auf ihre Pfade!
Denn viele Erschlagene hat sie niedergestreckt,
und zahlreich sind alle ihre Ermordeten. Ihr Haus sind Wege
zum Scheol, die hinabführen zu den Kammern des Todes.«
Sprüche 7,24-27

Man könnte am Ende des sechsten Kapitels meinen: So, das reicht jetzt. Salomo war deutlich genug. Er hat gewarnt. Er hat sehr deutlich und offen über das Problem gesprochen. Der Sohn neben ihm wird schon unruhig auf der Bank – *Können wir endlich weiter?* Jetzt bitte ein anderes Thema.

Aber es kommt noch dicker. Und man fragt sich beim Lesen von Kapitel 7: Ist das noch die Bibel? Warum schildert Salomo hier einen Bordellbesuch in allen Einzelheiten? Merken wir, in welch einem Kampf wir uns befinden? Wie viele »Erschlagene« wurden in den Gemeinden »niedergestreckt«; wie viel Kraftlosigkeit verdanken wir der erfolgreichen Kampfführung der Frau »in Hurenkleidung« (Sprüche 7,10 – kann es sein, dass sich die »Hurenkleidung« neuerdings auch in christlichen Gemeinderäumen ausbreitet?)? Wie durch eine Epidemie werden unsere Gemeinden durch Unmoral und sexuelle Ausschweifung gelähmt. Ja, wir können Gott gut verstehen, dass er uns das Problem etwas ausführlicher schildert, als es uns vielleicht lieb ist.

Und er tut das an einer Stelle, wo ein Vater mit seinem Sohn unterwegs ist. In Sprüche 1 bis 9 geht es nicht um die Reinheit der Gemeinde oder um die Anwendung von Gemeindezucht. Hier geht es um unsere Beziehungen in der Familie, um unser Vatersein und um das Gespräch mit unseren Söhnen. Wir müssen ihnen sagen, dass der Weg zu dieser »Frau« ein »Highway to hell«, eine »Autobahn zur Hölle« ist oder – wie Salomo es formuliert –: »Ihr Haus sind Wege zum Scheol, die hinabführen zu den Kammern des Todes« (Sprüche 7,27).

Noch kurz einige »Nach-Denker«:

- »… darum bin ich ausgegangen, dir entgegen, um dein Angesicht zu suchen, und ich habe dich gefunden« (Sprüche 7,15).
  Diese Frau ist aktiv. Hier hilft nur – wie wir schon am Beispiel Josephs gesehen haben – die Flucht. Deshalb geht auch der Apostel Paulus in seinem ersten Brief an die Korinther ausführlich auf dieses Thema ein. Seine Schlussfolgerung ist dieselbe: »Flieht die Hurerei!« (1. Korinther 6,18).

- »Komm, wir wollen uns in Liebe berauschen …« (Sprüche 7,18).
  An dieser Stelle sei die Bemerkung erlaubt, dass wir sorgfältig mit Begriffen umgehen sollten. Liebe und Sex sind nicht identisch. Das, was heute als »Liebe« verkauft wird, ist zu 95 Prozent purer Egoismus. Diese Art von »Liebe« kann man gut beschreiben mit den Worten: »Sex nimmt.« Eine der besten Definitionen für wahre Liebe dagegen lautet: »Liebe gibt« – der bekannte Vers in Johannes 3,16 ist ein guter Beweis dafür. Lassen wir uns nicht von der Perversion dieses Begriffes anstecken, sondern wir wollen unter *Liebe* immer noch das meinen und leben, was es wirklich ist – nämlich *geben* zu wollen, statt zu *nehmen*. In diesem Zusammenhang ist es interessant, dass die erste Erwähnung von *Liebe* in der Bibel deutlich macht, dass Gott mit *Liebe* »Geben« meint. In 1. Mose 22 stellt Abraham seine Liebe zu Gott unter Beweis, indem er bereit ist, seinen Sohn zu opfern. Und im übertragenen Sinn trifft das umso mehr auf Gott selbst zu, der seinen eigenen Sohn gegeben hat, weil er Liebe ist und liebt.

- »… bis ein Pfeil seine Leber zerspaltet« (Sprüche 7,23).
  Hiob hat den Eindruck, dass seine Nieren gespalten werden (Hiob 16,13); hier zerspaltet ein Pfeil die Leber. Das ist der Tod. Diese Sünde verwundet uns im Innersten und hat schreckliche Folgen.

Lassen wir als Väter uns bewahren und verschweigen wir unseren Söhnen nicht die ernsten Folgen, wie Gott sie in diesen Kapiteln beschreibt. Vielleicht müssen wir als ältere Generation auch Dinge der Vergangenheit aufarbeiten und bekennen: »Bekennt nun einander die Sünden und betet füreinander, damit ihr geheilt werdet« (Jakobus 5,16). Dafür ist es natürlich nie zu spät. Aber dann müssen wir weitergehen und unseren Kindern das Gute zeigen und ihnen Verhaltensweisen vorleben, die wirklich etwas mit Liebe zu tun haben. Das Gute vorzuleben, wird sich als wirksamer erweisen, als sie vor dem Bösen zu warnen!

19
»Ich liebe, die mich lieben«

»Nun denn, ihr Söhne, hört auf mich:
Glückselig sind, die meine Wege bewahren!«
Sprüche 8,32

»Ich liebe, die mich lieben;
und die mich früh suchen, werden mich finden.«
Sprüche 8,17

Salomo hat auf seinem Spaziergang die letzte Kurve mit seinem Sohn genommen. Die Zielgerade ist ein Genuss. Ein ganzes Kapitel widmet Salomo der Weisheit. Und es scheint, dass man die Weisheit und Gott selbst in diesen Versen nur schwer voneinander trennen kann.

Warum betont Salomo so sehr die göttliche Weisheit? Dachte er an sein Erleben mit Gott? Als er davorstand, den Königsthron zu besteigen, gewährte Gott ihm einen Wunsch. Salomos Antwort war: »Gib mir nun Weisheit und Erkenntnis, dass ich vor diesem Volk aus- und eingehen möge; denn wer könnte dieses dein großes Volk richten?« (2. Chronik 1,10). Als er später Besuch von der Königin von Scheba bekam, konnte sie Salomos Weisheit hören und sehen (2. Chronik 9,2-3). Salomo wusste also, wovon er sprach. Er war sich hier seiner Verantwortung und seines Unvermögens bewusst. Das, was er von Gott empfangen hat, darf er nun weitergeben.

Wenn wir als Väter etwas weitergeben dürfen, dann können wir auch nur das weitergeben, was wir vorher von Gott empfangen haben. Wir haben die Weisheit nicht aus uns selbst, sondern wir sind Empfangende und haben eben auch Weisheit nur empfangen (1. Korinther 4,7b).

Weisheit hat mit der Furcht des HERRN zu tun. In Sprüche 8,13 heißt es: »Die Furcht des HERRN ist: das Böse hassen.« Hier kommt Salomo auf dieses wichtige Prinzip zurück, dass es Gut und Böse gibt. Um Dinge und Denkweisen zu beurteilen, brauchen wir göttliche Weisheit und dann eben auch die Kraft, das Böse zu hassen. Dieses Denken läuft direkt gegen den heutigen Zeitgeist, der meint, man müsse alles verstehen und tolerieren bis auf die eine Ausnahme: göttliche Weisheit.

Fürchten und Ehrfurcht sind aus der Mode gekommen. Die Furcht des HERRN bedeutet, richtig über Gott zu denken. Das kann schon mal dazu führen, dass wir vor seinem Wort zittern (siehe Jesaja 66,2). Und es bedeutet in jedem Fall, dass wir vor unserem großen Gott Ehrfurcht haben.

»Ich liebe, die mich lieben« – kann es eine größere Motivation geben, Gott zu dienen? »Und die mich früh [eifrig] suchen, werden mich finden.« Was können wir unseren Kindern Besseres geben, als ihnen früh den Herrn Jesus großzumachen? Dann haben sie perfekte Voraussetzungen, dann können sie ihr Leben von der ersten bis zur letzten Stunde wirklich lebenswert leben und brauchen nicht verlorenen Lebensjahren nachzutrauern.

Früh suchen – das bedeutet auch, dass du in der frühen Lebensphase für deine Kinder erreichbar bist. Bitte präge deine Kinder selbst und überlass die geistliche Prägung nicht Menschen, die selbst keine geistliche Prägung haben. Deine Passion als Vater und Mutter ist in *keinem* Fall übertragbar. Ertrage bitte die schrägen Blicke, die du erntest, wenn deine Kinder die ersten sechs Lebensjahre in deinem Haus verbringen. Gib deinen Kindern die Chance, früh mit dem Gott-Suchen anfangen zu können.

Ein zweiter Liebesvers folgt in Vers 21: »… um die, die mich lieben, beständiges Gut erben zu lassen und um ihre Vorratskammern zu füllen.« Salomo öffnet seinem Sohn die Augen: Wenn du Gott liebst und für ihn lebst, dann erhältst du »beständiges Gut«. Es ist ein faszinierendes Prinzip, über das wir zu wenig nachdenken. Die Art und Weise, wie wir jetzt leben, entscheidet darüber, was wir aus der Zeit mit in die Ewigkeit »hinübernehmen« können. Erziehst du Kinder für Gott, wird die Frucht dich in der Ewigkeit begleiten. Ist das nicht Motivation genug?

Das ganze Sehnen vieler Menschen geht dahin, dass sie nach ihrem Tod nicht vergessen werden wollen. Da wird ein Stern in den *Walk of Fame* gepflastert in der Hoffnung, dass dieser Mensch nicht zu schnell vergessen wird. Vergeblich! König Joram »ging hin, ohne vermisst zu werden« (2. Chronik 21,20). Diese Grabinschrift (wenn es denn einen Grabstein gegeben hätte!!) ist wirklich brutal. Ob dieser König überhaupt lebte, was er tat – es war völlig belanglos. Es interessierte niemand. Willst du so leben? Sollen deine Kinder so leben?

Ist es nicht viel, viel besser, sie lernen bereits als Kinder, Gott zu lieben, damit er ihnen eine beständige Wirklichkeit (so kann dieses Wort »Gut« noch treffender übersetzt werden) geben kann? Keine Frage.

20
»Die Furcht des HERRN ist der Weisheit Anfang«

»Die Furcht des HERRN ist der Weisheit Anfang; und die Erkenntnis des Heiligen ist Verstand.«
Sprüche 9,10

Wir haben unseren Rundweg fast geschafft – die erste Bank ist wieder in Sichtweite. Das letzte Kapitel dieses Spaziergangs fasst noch einmal all das zusammen, was die beiden – Salomo und sein Sohn – miteinander besprochen haben. Es enthält Motivation und Warnung. Und mit Vers 10 schließt sich der Kreis: Es ist die Furcht des HERRN, die seinen Sohn bewahren wird. Damit hat Salomo in Kapitel 1,7 begonnen, damit schließt er in Kapitel 9,10.

Es ist also letztlich nicht Salomos Weisheit, die seinen Sohn bewahren und ans Ziel bringen wird. Es ist nicht Salomos Treue, die seinen Kindern den Sieg garantiert. Es ist Gott selbst, der unseren Kindern Fundament und Orientierung werden muss. Dann stehen sie wirklich fest.

Wir als Väter können nur darum beten, dass unsere Kinder nicht durch unsere Fehler verzweifeln, Schaden nehmen und vielleicht das Ziel des Lebens verfehlen.

Lass mich zum Schluss noch kurz auf den zweiten Teil des zehnten Verses eingehen. Wörtlich muss es heißen: »Die Erkenntnis des *Allerheiligsten* ist Verstand.« Was ist die

Erkenntnis des Allerheiligsten? Ohne diese Frage umfassend zu beantworten (das kann ich nicht), möchte ich gern einen Bezug zu unserem Thema herstellen.

In dem Augenblick, als der Vorhang des Tempels zerriss, erhielten die Gläubigen Zugang zum »Allerheiligsten«. Etwas Besonderes, bisher nie Dagewesenes war geschehen. Und dieser Zugang zum Allerheiligsten bedeutete unter anderem auch, dass wir Gott jetzt als unseren Vater kennen dürfen. Diese Neuigkeit gab der auferstandene Herr als erste Botschaft der Maria mit: »Geh aber hin zu meinen Brüdern und sprich zu ihnen: Ich fahre auf zu meinem Vater und eurem Vater und meinem Gott und eurem Gott« (Johannes 20,17). Was war und ist das für ein Geschenk, dass wir Gott jetzt als Vater kennen dürfen! Gerade Johannes gebraucht in seinem Evangelium 109-mal den Ausdruck *Vater*. Die Vater-Eigenschaft Gottes ist eine der prägendsten Charaktermerkmale Gottes.

»Die Erkenntnis des Allerheiligsten« könnte für uns als Christen heute bedeuten, dass wir den heiligen Gott nun als Vater kennen dürfen, oder wie der Herr Jesus in Johannes 17,11 selbst sagt, als »heiligen Vater«. Ein überwältigendes Geschenk!

Diese seine Vater-Eigenschaft hat Gott auf seine Geschöpfe übertragen und in sie hineingelegt. Bereits in 1. Mose 2,24 redet Gott davon, dass ein Mensch seinen *Vater* und seine *Mutter* verlassen würde. Noch bevor Eva auf geheimnisvolle Weise gebildet wurde, macht Gott klar, dass es Vaterschaft geben würde.

Die Vater-Beziehung kann durch nichts ersetzt werden, weder durch Kinderverwahranstalten noch durch Ganztagsschulen. Sie ist eine göttliche Erfindung und wie alles, was von Gott kommt, gut und nützlich für uns Menschen. Sie ist gerade in unserer vaterlosen Zeit eine umso größere Chance. Lassen wir sie wieder aufleben und nutzen wir die Möglichkeiten, die Gott uns gegeben hat – zum Segen unserer Kinder und zu unserer eigenen Freude.

21
Anhang für Söhne

»Lebt mein Vater noch?«
1. Mose 43,7; 45,3

Zu einer Beziehung gehören immer zwei. Und so ist es auch bei Vätern und Söhnen. Auch wenn der Schwerpunkt dieses kleinen Buches die Väter sind, so möchte ich mich mit dem letzten Kapitel doch noch an die Söhne wenden. Dazu ist die Geschichte von Jakob und Joseph hervorragend geeignet.

Die Geschichte dieser beiden außergewöhnlichen Männer nimmt im ersten Buch der Bibel einen weiten Raum ein. Jakob lebte in einem Familienmodell, das zwangsläufig Spannungen, Probleme und Demütigungen hervorbringen musste – denn er hatte zwei Frauen. Gott hatte in 5. Mose 21,15 vorhergesagt, dass man als Mann nur eine einzige Frau lieben kann. Sollte man sich für zwei Frauen entscheiden, würde man feststellen, dass man die eine lieben und die andere hassen (beziehungsweise weniger lieben) würde.

Jakob bekommt von Rahel zwei Söhne: Joseph und Benjamin. Und gerade seine Beziehung zu Joseph war von besonderer Natur, und er empfand eine besondere Zuneigung zu ihm. Als Jakob von dem angeblichen Tod Josephs erfährt, ist er untröstlich.

Auch Joseph scheint eine besondere Beziehung zu seinem Vater gehabt zu haben. Er entbehrt ihn während all der Jahre in Ägypten und wird sich manches Mal nach einem Spaziergang mit seinem Vater gesehnt haben. Als seine Träume tatsächlich in Erfüllung gehen und seine Brüder sich vor ihm verneigen, ist es sein Vater, nach dem er fragt: »Geht es eurem alten Vater gut, von dem ihr gesprochen habt? Lebt er noch?« (1. Mose 43,27). Und als er sich in Kapitel 45 seinen Brüdern zu erkennen gibt, ist seine erste Frage nicht: »Warum habt ihr mir das angetan?«, oder irgendeine andere egoistische Abrechnung, sondern sein erster Gedanke, sein erstes Wort ist: »Lebt mein Vater noch?«

Und er beließ es nicht bei den Worten: Er sorgt dafür, dass sein Vater und seine ganze Familie in Ägypten versorgt werden und dort der Hungersnot entfliehen können. Fast ehrfürchtig bringt Joseph seinen Vater vor den Pharao. Und er wird Zeuge, wie der alte Viehhirte den Staatsmann segnet. Joseph schämte sich nicht für den alten Vater, sondern behandelte ihn mit Ehrfurcht und Respekt.

Als es dann in Kapitel 48 dazu kommt, dass Jakob seine Enkel segnen soll, da hat Jakob den Glaubensblick und Joseph steht hinter seinem Vater zurück. Joseph kann an dieser Stelle den Sinn der gekreuzten Hände seines Vaters nicht verstehen, während dieser sehr wohl weiß, was er tut.

Bei Gott gibt es keinen Genuss ohne Verantwortung. Hattest du das Vorrecht, einen guten Vater zu haben, dann denke daran zurück, wenn er alt geworden ist. Vielleicht passt er dann nicht mehr in unsere Welt – so wenig, wie Jakob nach

Ägypten passte –; schäme dich nicht für ihn, sondern achte ihn.

Alle Väter sind auch Söhne, und viele Väter haben noch einen Vater. Vielleicht hast du noch einen alten Vater, dann musst du wissen: Deine Söhne schauen dir zu, wie du mit deinem Vater umgehst.

Joseph hat uns ein Beispiel hinterlassen. Von ihm kamen keine Sprüche wie: »Jetzt als Premier von Ägypten habe ich wirklich keine Zeit, mich um meinen Vater zu kümmern. Außerdem sind jetzt erst mal die anderen dran – er hat ja noch zwölf andere Kinder. Und außerdem: Einen alten Baum verpflanzt man nicht.« Ist es nicht ein erbärmliches Zeugnis, wie wir oft mit der alten Generation umgehen? Gibt es für deinen Vater wirklich keinen anderen Platz als das Altenheim?

Lebt dein Vater noch?

22
Danke, Vater!

Wir haben die Runde gedreht und sind wieder in Ammerbach gelandet. Mein Vater, der diesen Weg einige Male mit mir gegangen ist, ist 2004 *heimgegangen* – welch treffendes Wort für den Tod eines Christen.

Dieses Buch möchte ich mit einer kleinen Episode von meinem Vater und mir beschließen.

Mit achtzehn Jahren ging ich in ein Internat, um dort das Abitur und eine Berufsausbildung zu machen. Ich war der Einzige von 180 Lehrlingen, der nicht in der FDJ (Freie Deutsche Jugend; kommunistischer Jugendverband der DDR) war. Wie es dazu kam, dass ich überhaupt auf diese Schule gehen konnte, übergehe ich hier. Jedenfalls entstand bei dem ersten Fahnenappell die farblich interessante Variante, dass 179 Teilnehmer mit dem sogenannten Blauhemd dastanden und Güntzschel mit einem roten Pullover. Der Direktor kam erschrocken zu mir und bat mich, mein Blauhemd zu holen. Als ich ihm zu verstehen gab, dass ich keins hätte, durfte ich erst einmal vom Hof verschwinden und auf mein Zimmer gehen. »Wir sprechen uns später« – so sein »liebevoller« Kommentar.

Zwei Wochen später fuhr ich am Sonntagabend nach dem üblichen Wochenendbesuch bei meinen Eltern wieder drei Stunden mit dem Zug zum Internat zurück. Gegen 23.30 Uhr lag ich im Bett. Plötzlich ging die Tür auf, ein

Herr mit Anzug bat mich ins Direktorzimmer – ich solle gleich so kommen, wie ich bin – das war in diesem Fall der Schlafanzug. Als ich die Treppe hinunterlief, schoss mir allerhand durch den Kopf. Das Letzte, was ich an diesem Tag zu Hause gehört hatte, war eine Predigt meines Vaters über folgenden Vers: »Wenn sie euch aber überliefern, so seid nicht besorgt, wie oder was ihr reden sollt; denn es wird euch in jener Stunde gegeben werden, was ihr reden sollt« (Matthäus 10,19). *Danke, Vater*, dachte ich, *das ist die Lösung.* Ich sah ihn vor mir und wusste: Er hat recht – und Gott hat natürlich auch recht. Aber ich war so froh und bin es bis heute, dass ich einen Vater haben durfte, der mich Vertrauen auf Gott gelehrt hatte und an diesem Tag eine *prophetische* Botschaft für mich hatte.

Ich kann mich nicht mehr daran erinnern, was ich gesagt habe und wie ich da wieder herausgekommen bin – ich weiß nur, dass ich den Aufnahmeantrag für die FDJ nicht unterschrieben habe und trotzdem die Schule nicht verlassen musste. Gott ist größer, das gilt bis heute. Sagen wir es den Nächsten nach uns!

»Erwirb Weisheit, erwirb
Verstand; vergiss nicht und
weiche nicht ab von den Reden
meines Mundes.
Verlass sie nicht, und sie wird
dich behüten; liebe sie, und sie
wird dich bewahren.«

Sprüche 4,5-6